酒店前厅服务与数字化运营

主　编　王海英　王　野　韩尔立
副主编　白　琳　肖　玲　左书凡
参　编　李亚林　孙友敏　张　静
　　　　潘　琪　王俊岭　李亚玲
主　审　杨晓英　潘　多

北京理工大学出版社
BEIJING INSTITUTE OF TECHNOLOGY PRESS

内 容 简 介

本书聚焦酒店前厅服务的核心职能与创新实践，系统梳理了前厅部运营的关键环节，旨在助力从业者提升服务效能与用户体验。全书主要内容由酒店前厅认知与入职准备、客房预订服务与管理、宾客个性化服务实践、商务中心与其他服务管理、客户关系管理与数据分析等九大项目33个学习任务组成，帮助读者循序渐进地掌握专业知识与实操技能。

本书配有二维码、微课视频等配套数字资源，可扫书中的二维码获取相关学习资源。

版权专有　侵权必究

图书在版编目（CIP）数据

酒店前厅服务与数字化运营 / 王海英，王野，韩尔立主编 . -- 北京：北京理工大学出版社，2025.1.
ISBN 978-7-5763-4729-6

Ⅰ.F719.2

中国国家版本馆 CIP 数据核字第 2025E6E036 号

责任编辑：申玉琴		文案编辑：申玉琴	
责任校对：周瑞红		责任印制：施胜娟	

出版发行 / 北京理工大学出版社有限责任公司
社　　址 / 北京市丰台区四合庄路 6 号
邮　　编 / 100070
电　　话 / （010）68914026（教材售后服务热线）
　　　　　（010）63726648（课件资源服务热线）
网　　址 / http://www.bitpress.com.cn

版 印 次 / 2025 年 1 月第 1 版第 1 次印刷
印　　刷 / 定州市新华印刷有限公司
开　　本 / 889 mm × 1194 mm　1/16
印　　张 / 12.5
字　　数 / 241 千字
定　　价 / 88.00 元

图书出现印装质量问题，请拨打售后服务热线，负责调换

前言 Preface

为适应酒店行业数字化转型与精细化管理的需求，本书聚焦酒店前厅服务的核心职能与创新实践，系统梳理了前厅部运营的关键环节，旨在助力从业者提升服务效能与用户体验。全书以实际工作场景为依托，结合行业前沿技术，为读者提供兼具理论深度与实践价值的参考内容。

本书从"精细化管理"和"标准化服务"两个维度切入，全面解析酒店前厅部的核心业务模块。通过统筹设计的9个项目、33个学习任务，覆盖酒店前厅认知与入职准备、客房预订服务与管理、宾客个性化服务实践、商务中心与其他服务管理、客户关系管理与数据分析等职能领域，帮助读者循序渐进地掌握专业知识与实操技能。

全书具有以下特点：

1. 以实践为导向，强化能力培养

本书以工作任务为载体组织学习内容，每个项目均围绕酒店实际运营需求展开。通过项目导向的任务设计，结合典型案例分析与知识拓展模块，激发读者自主探索与深度思考。每个项目开篇设有引导语，明确知识目标、技能目标与素养目标；任务结束后设置趣味性与操作性并重的实训环节，注重培养独立思考能力、动手能力及语言表达能力，助力知识向能力的转化。书中的案例与任务设计均来源于行业实践，力求为读者提供真实、可操作的学习体验。

2. 融合行业前沿，推动技术应用

本书内容紧扣酒店前厅数字化运营的最新趋势，深度结合现代酒店企业的管理实践。任务实训设计立足真实业务场景，帮助读者掌握数字化工具的使用技巧与管理方法，为行业技术升级提供扎实的知识储备。书中还特别关注了大数据、人工智能等技术在酒店前厅服务中的应用，为读者提供前瞻性的行业洞察。

3. 资源形式多样，提升学习体验

为提升学习体验，本书采用图文结合、案例与视频互补的呈现方式，并通过二维码链接动态更新拓展资源。教材内容深入浅出，既便于读者自主研习，也适合作为行业培训的参考资料。书中丰富的实操案例与行业动态分析，能够帮助读者更好地理解酒店前厅服务的复杂

性与多样性，拓宽专业视野。此外，书中还提供了大量实用工具与模板，方便读者在实际工作中快速应用。

　　本书适用于酒店管理与数字化运营相关领域的学习与实践，也可为行业从业者及爱好者提供实务参考。在编写过程中，我们借鉴了国内外优秀著作的研究成果，在此谨向相关作者致谢。限于编者水平，书中难免存在疏漏之处，恳请读者批评指正。希望本书能够为酒店行业的数字化转型与服务质量提升贡献一份力量，助力读者在职业生涯中不断进步与成长。

目 录 Contents

项目一 酒店前厅认知与入职准备 ·· 1

　　任务一　酒店前厅部初识 ·· 2
　　任务二　前厅岗位规范与职责 ··· 7
　　任务三　前厅布局与功能解析 ··· 9

项目二 客房预订服务与管理 ·· 15

　　任务一　房间信息管理 ·· 16
　　任务二　预订渠道与方式探索 ··· 20
　　任务三　客房预订流程操作 ··· 26
　　任务四　特殊预订与超额处理 ··· 30

项目三 宾客个性化服务实践 ·· 35

　　任务一　宾客迎送服务 ·· 36
　　任务二　行李服务流程 ·· 44
　　任务三　排房入住办理 ·· 47
　　任务四　前厅其他服务 ·· 50
　　任务五　礼宾及常见问题解决 ··· 61

项目四 商务中心与其他服务管理 ·· 65

　　任务一　商务中心认知 ·· 67
　　任务二　总机服务规范 ·· 69
　　任务三　楼层服务管理 ·· 74
　　任务四　金钥匙服务理念 ··· 77

目录

项目五 客户关系管理与数据分析 ... 85

- 任务一 客户关系维护 ... 86
- 任务二 投诉与异常事件处理 ... 90
- 任务三 客房销售策略 ... 94
- 任务四 前厅数据的收集、分析和应用 ... 104

项目六 酒店管理系统应用与操作 ... 109

- 任务一 PMS 系统认知 ... 110
- 任务二 PMS 入住退房操作 ... 115
- 任务三 PMS 订单与账务查询 ... 121
- 任务四 PMS 其他功能探索 ... 127

项目七 酒店自助服务系统运维 ... 137

- 任务一 自助入住流程理解 ... 138
- 任务二 自助设备认知与操作 ... 145
- 任务三 自助系统运维管理 ... 149

项目八 酒店访客管理与安全控制 ... 153

- 任务一 访客管理认知 ... 155
- 任务二 访客管理系统 ... 159
- 任务三 做好访客管理 ... 164

项目九 前厅增值服务创新与运营 ... 175

- 任务一 增值服务分析 ... 176
- 任务二 智能存储设备运维 ... 186
- 任务三 智能售卖机运营 ... 190

参考文献 ... 193

项目一　酒店前厅认知与入职准备

前厅部也被称为客务部或前台部，不仅承担着接待客人的责任，还负责销售酒店的客房、餐饮和娱乐等产品和服务，并且参与协调各个部门提供给客人的服务。前厅部是酒店的"神经中枢"，是连接酒店与客人的重要桥梁和纽带，也是展示酒店经营管理水平的窗口。

前厅部由多个部门组成，比如客房预订处、礼宾服务处、接待处、信息台、前厅收银处、电话总机、商务中心以及大堂副理等。这些重要机构均设在客人来往最频繁的地方（酒店大堂），以方便为客人提供服务。

前厅部的运营状况直接反映了酒店的服务质量和管理水平，因此，酒店要注重前厅部的组织和管理，确保其顺利运转。只有通过优质的服务和专业的工作态度，前厅部才能塑造出酒店良好的形象，提升客人的满意度，从而增加酒店的经济收益和市场份额。

学习引导

香港的丽思卡尔顿酒店坐落于香港商业及文化中心的新地标环球贸易广场，其前厅的设计以宽敞明亮为特点，给人一种开阔又精致的感觉。

踏入丽思卡尔顿酒店的大门，首先映入眼帘的是一片明亮的大理石地板，犹如一面平静的湖泊，倒映着整个前厅的壮丽景象。

酒店大厅的天花板向上延伸，营造出无限的空间感。天花板上布满了精美的装饰：雕刻着细腻的花纹和华丽的壁画等，让人仿佛置身于一座宫殿之中。夺目的吊灯点缀其中，散发着柔和的光芒，照亮整个前厅，为其营造一种神秘而奢华的氛围。

豪华家具点缀在前厅各处，细致而精湛的工艺展现出尊贵的品质。沙发、桌子和椅子采用高级材质打造，柔软的织物和细致的纹理体现出舒适与质感的融合。这些家具的摆放不仅提供了舒适的休息区域，还为前厅增添了一抹时尚和温馨的色彩。

酒店前厅还巧妙地融入了亚洲元素，展示了香港这座国际大都市与亚洲文化的结合。墙壁上悬挂着具有艺术感的传统唐卡和中国字画，展示了华丽的色彩和独特的艺术风格。此外，室内绿植和水景也将大自然的元素引入前厅，营造出宁静和谐的氛围。

【点评】

酒店前厅是非常重要的，是客人在酒店中接触的第一个区域。前厅的设计要突出酒店的个性化特色，给客人留下好印象，吸引客人前来消费。酒店大堂空间主要包括接待区、收银送客区、休闲等候区以及交通分流区，还会有其他相应的服务设施，满足不同客人的不同需要。要尽量充分利用大堂面积，实现空间的最大价值。酒店精美而科学的设计是为了让客人获得独特的体验，吸引他们流连其中。酒店前厅不仅是一个过渡空间，更是一个展示酒店独特风采和热情款待客人的窗口，让客人在抵达时就获得前所未有的舒适感。

学习目标

知识目标

1.了解前厅部的地位和作用。

2.了解前厅部的组织架构和功能分区。

技能目标

1.掌握前厅部的岗位要求。

2.会利用所学知识保持前厅的环境舒适优美。

素养目标

1.培养学生正确的就业观，提高学生的服务意识和服务能力。

2.让学生提前了解前厅岗位的要求和职责，养成学以致用的好习惯。

认识前厅部

任务一　酒店前厅部初识

苏轼《临江仙·送钱穆父》结尾有一句"人生如逆旅，我亦是行人"，逆旅指的就是酒店，酒店一词是法语的舶来品。自周朝"凡国野之道，十里有庐，庐有饮食"开创官民并举的住宿服务业局面以来，酒店业千年不衰。随着工业化的兴起，行业分工逐渐细化，酒店业根据工作内容的不同还衍生出前厅、客房等部门。大家心目中的前厅部是什么样子，它都有哪些功能，又由哪些人组成呢？

一、前厅部的地位及作用

（一）前厅部的地位

1.前厅部塑造酒店形象

酒店形象是公众对酒店的总体评价，对现代酒店的生存和发展有着直接的影响，一个好的形象是酒店的巨大财富。酒店前厅部的主要服务机构是前台，通常设在客人来往最为频繁的大堂，是给客人留下第一印象和最后印象的部门，是酒店的"营业窗口"和"脸面"。前厅部的管理水平和服务水准，将直接反映整个酒店的服务质量和管理水平，影响酒店的经济效益和市场形象。

2.前厅部承担酒店业务活动

前厅部是客人与酒店联系的纽带，因为与客人接触最多，更了解客人的需求，通过提供客房特色商品、旅游线路咨询、地方美食点购等增值服务，可以增加酒店的经营收入。同时，前厅部还要及时汇总客源、客情、客人需求及投诉等各种信息，共同协调整个酒店的对外服务工作，以确保服务工作的效率和质量。所以，前厅部通常被视为酒店的"神经中枢"，是整个酒店承上启下、联系内外、疏通左右的枢纽。

3.前厅部是酒店管理的参谋和助手

作为酒店业务活动的中心，前厅部直接面对市场，面对客人，是酒店中最敏感的部门。前厅部能收集到有关市场变化、客人需求和整个酒店对客服务、经营管理的各种信息，在对这些信息进行认真的整理和分析后，每日或定期向酒店提供真实反映酒店经营管理情况的数据报表和工作报告，并向酒店管理机构提供咨询意见，作为制订和调整酒店计划与经营策略的参考依据。酒店前厅如图1-1所示。

图1-1　酒店前厅

（二）前厅部的作用

前厅部是酒店的信息中心和协调中心，在酒店经营中起着销售、沟通、控制、协调服务和参与决策的作用。

1. 销售客房

前厅部的首要功能是销售客房。无论是国际还是国内，酒店客房的盈利占整个酒店利润总和的50%以上。因此，能否有效地发挥销售客房的功能，将影响酒店的经济效益。

2. 提供各种前厅服务

作为对客服务的集中场所，前厅部可以直接向住店客人提供各类相关服务，例如，客房预订入住服务、行李寄存服务、当地旅游资讯服务、外币兑换服务等。这些众多工作内容构成了前厅部直接对客服务的功能。

3. 协调对客服务

为了让客人享受到高水准的服务，需要密切衔接酒店前、后台之间及管理部门与客人之间的沟通联络工作，以达到客人满意的目的。前厅部应在客人与酒店各有关部门之间牵线搭桥，借助信息化工具，不断提升沟通效率，缩短服务响应时间，跟踪规范服务流程。

4. 控制客房状况

控制客房状况是前厅部的又一重要功能。这项功能主要由两方面的工作组成：一是协调客房销售与客房管理；二是在任何时候都正确地反映酒店客房的销售状态。

协调客房销售与客房管理，一方面是指前厅部必须正确地向销售部提供准确的客房信息，避免超额预订，使销售部工作陷入被动；另一方面是前厅部必须向客房部提供准确的销售客情，以使其调整工作部署。

正确反映酒店客房的销售状况有赖于前厅部负责管理的两种客房状况显示系统：一种为预订状况显示系统，又称客房长期状况显示系统；另一种为客房现状显示系统，称客房短期状况显示系统。目前大多数酒店使用计算机管理，其应用软件内含这两种控制系统的子目录。

5. 建立客账

目前，大多数酒店为了方便客人、促进消费，都已经向客人提供了统一结账服务。客人经过必要的信用证明，查验证件后，可在酒店营业点（商场部除外）签单赊账。前台收款处不断累计客人的消费额，直至客人离店或其消费额达到酒店政策所规定的最高欠款额时，才要求客人付款。

6. 建立客史档案

由于前厅部为客人提供入住及离店服务，自然就成为酒店对客服务的调度中心及资料档案中心。大部分酒店会为住店一次以上的零星散客建立客史档案。按客人姓名字母顺序排列的客史档案记录了酒店所需要的有关客人的主要资料。这些资料是酒店给客人提供周到的、具有针对性服务的依据，同时也是酒店寻找客源、研究市场营销的信息来源，所以必须坚持规范建档和保存制度化两项原则。

7.提供信息

位于酒店显眼区域的前厅部的总台是服务人员与客人的主要接触点，前厅部服务人员应随时准备向客人提供其感兴趣的资料，如将餐饮活动（举行美食周、厨师长特选等）信息告诉客人。这样不但方便了客人，还起到了促销的作用。

前厅部服务人员还可向游客介绍游览点的特色、购物中心的地点及营业时间、外贸公司及科研机构的地址及联系人、本地区及其他城市主要酒店的情况、各类交通工具的抵离时间等。

8.辅助决策

前厅部处于酒店业务活动的中心地位，每天都能接触到大量的信息，如有关客源市场、产品销售、营业收入、客人意见等的信息。因此，前厅部应当充分利用这些信息，将统计分析工作制度化和日常化，及时将有关信息整理后向酒店的管理机构汇报，与酒店有关部门沟通，以便其采取对策，适应经营管理上的需要。

9. 管理自助设备

智能技术的应用让酒店服务更加精细，也越来越细分，更重要的是客群对于服务的定义也在不断发生变化，这对酒店的组织以及基于组织的变化提出更多的要求。酒店智能科技会有更多的产品赋能酒店，帮助酒店提供更好的服务，特别是酒店自助入住机近来颇受关注，众多酒店已经悄悄上线智能自助入住机。"数字酒店"闪亮登场，手机预订、刷身份证、人脸认证、制卡，30秒不到，房卡到手。在人机交互的情况下，让智能机器来完成以往较繁杂的登记工作，可减轻酒店总台工作人员的工作量，而前台员工有更多的时间和精力来为顾客提供优质的服务；与此同时，对自助设备的管理自然而然成为酒店前台人员的重要工作内容。

二、前厅部的组织架构

前厅部是酒店的重要部门之一，负责接待和服务酒店客人。其组织架构通常包括以下几个职位和部门。

前厅经理：负责整个前厅部的运营和管理，协调各个部门之间的工作，制定并执行前厅部的政策和流程。

前台部门：包括前台接待员、行李员等职位。前台接待员负责办理客人的入住和退房手续，提供信息和解答客人的问题。行李员负责接待客人、搬运行李以及提供其他服务。

预订部门：负责接听客人的预订电话，确认客房预订信息，并将其记录在酒店的预订系统中。

客房部门：负责客房的清洁和维护工作，确保客房的整洁和设施的正常运作。客房部门还负责提供客房服务，如送餐、洗衣等。

礼宾部门：负责迎接客人，帮助客人搬运行李并提供其他服务，如安排交通、预订餐厅等。

电话部门：负责接听客人的电话，提供信息和解答问题，并转接电话给相应的部门或人员。

旅游咨询部门：负责为客人提供旅游咨询和安排旅游行程。

前厅部的组织机构规定了前厅部的信息传递渠道，明确了前厅部各岗位的职责与权限，以及各组成部分之间的关系。设置前厅部组织机构应遵循精简高效、分工明确、从实际出发的原则。

任务实训

【实训项目】了解一家酒店前厅部的主要任务。

【实训目标】组织学生考察一家星级酒店的前厅部，使学生真正了解酒店前厅部。

【实训时间】1学时。

【实训步骤】

1.实训开始前，由教师联系一家星级酒店。

2.将学生进行分组，每组控制在4~6名学生，由教师带领学生前往酒店前厅参观，并请前厅部的主管介绍酒店前厅部的主要任务。

3.参观结束后，由每组学生讨论并总结酒店前厅部的主要工作职责。

【实训标准】

实训形式	以学生现场参观学习及讨论总结为主
角色分工	每个小组的学生自行进行分工，确定谁做记录，谁最后代表小组发言
实训重点	1.学生参观时仔细观察前厅的环境和工作人员的工作情况，对于前厅部主管介绍的内容要仔细倾听学习。 2.学生遇到不懂的地方要及时询问并做好笔记。 3.参观结束后积极与同学讨论，加深自己对前厅工作职责的了解

任务二　前厅岗位规范与职责

学习前厅部的
要求和职责

前厅是酒店的门面所在，是一个酒店给人的最初印象所在点，这决定着来访客人对酒店的基本好感度与满意度。为了提高来访客人对酒店的好感度以及满意度，酒店对前厅部员工的素质要求也是极高的。

如果你是酒店前厅部的一员，如何才能展示前厅部员工的素质呢？又要掌握哪些必备的岗位技能呢？请各位同学思考并讨论。

一、素质要求

前厅部具有不同的业务特点，对前厅部员工的素质也提出了较高的要求。前厅部员工位于对客服务的最前线，直接参与前厅服务和客房销售工作，他们应满足以下素质要求。

1.品行

（1）品行端正、正直、善良，富有同情心。
（2）诚实、守信，不说谎话，对人真心相待。
（3）勤奋、上进、谦虚、创新，具有旺盛的求知欲。
（4）认真负责。认真执行酒店的各项规章制度，以负责的态度完成各项任务。

2.服务意识及微笑

（1）具备良好的服务意识，正确认识服务工作，尊重顾客，全心全意做好对客服务。
（2）做到微笑服务。可以参考希尔顿酒店的微笑服务。

3.身体及仪表要求

（1）身体健康，精力充沛。
（2）有连续8小时进行规范化站立服务的身体素质。
（3）仪表、举止要符合酒店的规定，仪表端庄、整洁，言行举止得体。

4.性格

前厅部服务人员既要具有开朗的性格、乐意服务的品质，又要适度、适当地提供服务。性格外向者的感情易于外露，热情开朗，善于交际。由于前厅部员工处于酒店接待客人的最前线，需要每天与各种客人打交道，提供面对面的服务，外向型性格易于形成良好的对客关系。

5.良好的心理素质

（1）善于控制自己的情绪，有较强的自制力。

（2）善于调整自己的心理。在对客服务中始终保持身心平衡，遇到突发事件能理智冷静、有条不紊地处理。

（3）善于站在对方的立场上思考问题，容易理解对方。

二、技能要求

前厅部员工应专业技能娴熟，业务能力强，具体表现为：能熟练操作电脑（办公软件）、接听电话、书写中英文信函、速记，掌握有关业务表单的填写、整理、存档等内容。此外，还应具备以下能力。

（1）较强的记忆力。善于记时间、人名、客人特征、车牌及其他相关事宜。

（2）较强的应变能力，反应敏捷。

（3）较强的人际关系处理能力。能处理好各方面的人际关系，做到温和、礼貌、幽默，在尴尬局面下善于打圆场，具有随机应变的能力。

（4）较强的推销能力。能适时推销酒店的产品和服务，提高客人满意度。

（5）较强的语言能力。普通话发音准确清晰，具有良好的汉语表达能力；熟练掌握一门以上外语，听、说、写运用自如；根据酒店所在地或目标客源市场掌握一些常用的方言；形成使用敬语的习惯，善于用简单明了的语言表达服务用意，进行主客沟通，解决服务中的一些常见问题。

三、其他要求

良好的服务态度：前厅部服务人员应具备积极、热情、耐心的服务态度，能够主动关心客人的需求，提供高质量的服务。

整洁的外表和仪态：前厅部服务人员需要保持整洁的外表和良好的仪态，穿着整齐、干净，给客人留下良好的印象。

高度的工作责任心：前厅部服务人员需要有高度的工作责任心，能够保护客人的隐私和财物安全，严格遵守酒店的规章制度和操作流程。

任务实训

【实训项目】评估自己是否适合前厅部的工作。

【实训目标】通过实训，使学生对照前厅部员工的素质要求，找出自己的优缺点，并确定努力方向。

【实训时间】2学时。

【实训步骤】

1.在教师的引导下，将学生进行分组，每组控制在4~6名学生。

2.每个小组就"前厅部的岗位要求有哪些"展开讨论，并派代表进行发言。

3.教师点评每个小组的发言，所有的小组发言完毕后由教师根据学生的发言总结前厅部的岗位职责。

4.学生对照教师的总结进行自我评估，找到自己的优缺点，并将其列在纸上作为随堂作业交给老师。

【实训标准】

实训形式	以学生自由讨论和老师总结为主
角色分工	每个小组的学生自行分工，确定谁最后代表小组发言
实训重点	1.学生需根据所学知识和日常经验将前厅部的岗位要求一一列举出来。 2.讨论的过程就是温故知新的过程，每个学生务必认真参与

了解前厅的功能分区与布局

任务三　前厅布局与功能解析

酒店前厅在酒店布局中所占区域广，功能分区杂，包含内容广，如果未做好分区，造成分区混乱，有极大可能会引起前厅来往人员杂乱，来访客人找不到想去的区域，影响客人忠诚度和好感度，也给前台人员与安保人员带来不必要的压力，所以，做好前厅的区域划分是极其重要的。

如果由你来设计一个酒店前厅的功能分区，你会怎样设计呢？会设计哪些分区呢？会怎么布局呢？请同学们进行思考讨论。

一、前厅的功能分区

前厅是酒店中集交通、服务、休息等多种功能为一体的共享空间，按照功能可以划分为正门入口处及人流线路、服务区、休息区和公共卫生间等主要区域。

（一）正门入口处及人流线路

正门入口处是人来车往的重要"交通枢纽"，其基本功能是保证酒店进出的通道畅通。正门外应设有车道和雨搭，客人下车时能避风遮雨。正门前台阶旁还应该设有方便残疾人轮椅出入的专用坡道。酒店大门应设置玻璃拉门、转门或者自动门。门以双层为佳，以保持前厅空调温度的稳定，节约能源，并可减少尘土吹入，保持大厅洁净。从入口到酒店内各个场所便形成了人流线路。各条人流线路要经过装修或铺设条形地毯，以形成明确的人流走向，使具有动感的线路与相对平静的休息区和服务区互不影响。酒店正门入口如图1-2所示。

图1-2　酒店正门入口

（二）服务区

前厅的对客服务区主要包括总服务台、大堂副理处和行李处等。

1.总服务台

总服务台简称总台，一般设在大堂中醒目的位置。总服务台的功能有很多，其中接待、问询、收银是总台的主体功能。酒店的规模越大，接待人数和服务项目越多，则总服务台的柜台和台内面积就应越大；反之，则总服务台的柜台和台内面积就应越小。以团队客人为主要客源的酒店，在总台处应该另设团队接待处。

总服务台的外观形状与整个大堂的建筑密切相关，较常见的是直线形、半圆形和L形等几种形状。在材料选择上，为了经久耐用、易于清洗和体现高雅脱俗，主要采用大理石、磨光花岗岩和硬木等。在布置上，各种标牌以及国际时钟、日历、天气预报牌和外币汇率牌等的外观选择与设计也应该与整个大堂和谐一致。酒店总服务台如图1-3所示。

图1-3 酒店总服务台

2. 大堂副理处

大堂副理的办公地点应设在离总台或者大门不远的某一视野开阔的安静之处，通常放置一张办公桌、两张座椅，供办公和接待客人使用。

3. 行李处

行李处一般设在大门内侧，便于行李员尽早看到汽车驶进通道，及时上前迎接，行李柜台的理想高度是120~130厘米，既方便客人又方便工作人员操作。柜台后设行李房。小型酒店行李处往往与总台合一。前厅办公室、电话总机房等机构与前厅接待服务密切相关，但又不必直接与客人打交道，一般设在总台后面或者侧面联络方便但较为隐秘处。

4. 自助入住区

随着信息技术在酒店行业的快速普及和酒店用工成本的增加，酒店自助入住概念逐渐兴起，相应的酒店大堂也随之设立自助入住办理区域。酒店自助入住区域配备酒店自助入住终端机和其他相应设施设备，酒店自助入住终端机可以为酒店降低酒店前台的流失率，提高酒店的经营效益，给予客户最为便捷的入住体验，既是酒店的好帮手，也是客户的好"管家"。酒店自助入住终端机如图1-4所示。

图1-4 酒店自助入住终端机

（三）休息区

休息区是供客人休息、交谈或等候的空间，要求相对安静和不受干扰，也是酒店大堂的另一个主要功能部分，如图1-5所示。休息区一般位于正门、前台、交通要道附近。休息室的布局很灵活，一般可以设置一到四组沙发，配合小绿化和照明，形成一个独立的空间；也可以在地面和天花板上做一些特殊处理，形成一个独立的空间。沙发可因地制宜围成几组方形，也可围着柱子设置，在人员出入频繁、充满动感的大厅空间中，构筑一处宁静舒适的环境。

图1-5　酒店休息区

休息区还可以设置大堂酒吧。大堂酒吧提供酒水服务，客人可以在此休息小酌，等待访客或聊天，举行商务会议等。

二、前厅的布局

酒店前厅的布局与设计就是要利用一切建筑或装饰的手段，创造一个亲切、静谧、有文化底蕴、空间流畅、主题突出、功能合理、人群聚散便捷的空间。

（一）前厅布局的注意事项

一般而言，前厅的布局应注意以下两个方面。

1.突出主题

前厅的装潢首先要选好基调，就像一首乐曲有主旋律一样，基调有多种，如东方式、西方式、宫廷式、民间式、古典式和现代式等。根据基调决定家具设备的选择和配置，室内空间构图的不同，给人的精神感受也不一样。例如，高挑空间让人感到尊贵至上，宏大空间让人感到宏伟开阔，低矮小巧的空间让人感到温暖亲切。因此，室内空间总是以功能和感觉为转移，以家具设备布局为条件，以色彩、灯光为补充。

2.突出功能

酒店只有设置与其规模和等级相适应的大堂空间，才能给客人和工作人员提供一个宽松的活动场所和工作环境。前厅空间内的各功能区域布局总体要合理协调，客人活动区域与员工活动和酒店内部机构区域要分开，彼此互不干扰。天花板、门窗、墙面、地面装修材料与设备设施质量要同酒店的等级标准相适应。接待环境应美观大方，厅内气氛应和谐舒服，对客服务方便安全。

（二）前厅的装饰美化

前厅作为整个酒店的中心，其环境、氛围是非常重要的，为了创造好的氛围和环境，除了员工的素质外，还必须重视前厅的装饰美化（见图1-6）。

图1-6 前厅的装饰美化

1.灯光

为追求热烈的气氛，大厅一般采用高强度的华丽吊灯。客人休息处设有便于阅读和交谈的立灯或台灯，灯光略暗，形成舒适、安静和优雅的格调。对总服务台的工作人员则要使用照明度偏高的灯光，创造一种适宜的工作环境。各种光色都应和谐、柔和而没有耀眼的感觉。灯具除用于照明外，其本身就是一种装饰品，所以大厅内的各种灯具必须配套，其造型应与大厅内的建筑风格互相呼应。

2.色彩

色彩是美化环境的最基本构成要素之一。色彩具有感情象征，它对人的心理和生理影响很大，不同的颜色使人产生不同的情绪，引起人的心境发生变化。酒店前厅装饰美化色彩的运用主要体现在两个方面：一是色调的确定，二是色彩的搭配。客人一进入酒店，第一印象是大厅的色调和气氛。因此，首先必须确定大厅的主色调，作为大厅环境色彩的主旋律，它决定大厅环境的气氛和情调。为了给客人一种快乐、热情、美观、大方、优雅的气氛，激发前厅员工的工作热情，前厅的色彩一般以红色或暖色调为主，同时大胆使用陪衬色调，形成色彩的对比，创造和谐的整体效果。

3.绿化

人们本能地喜爱自己赖以生存的阳光、空气和水，喜爱充满生命力的自然界。现代酒店设计中应该尽量考虑在大厅里布置绿化，营造绿树成荫、流水潺潺的一派生机，带给客人以亲切、舒适的自然美感，如图1-7所示。绿化还可以调节大气温、湿度，减少噪声，净化空气，消除人们由于长时间室内活动而产生的疲劳。

图1-7　前厅的绿化

任务实训

【实训项目】在教师的带领与安排下，到本市的星级酒店进行参观考察。

【实训目标】通过实训，学生要了解酒店的工作环境并感受酒店的工作氛围，学会利用所学的知识对该酒店的整体布局和环境进行评估，找出其具有的优势及存在的问题，从而加深对酒店前厅部的了解。

【实训时间】2学时。

【实训步骤】

1.实训开始前，由教师联系附近的一家星级酒店。

2.将学生进行分组，每组控制在4～6名学生，由酒店大堂副理带队，讲解酒店前厅的布局和环境构造。

3.学习参观完酒店后，每组学生讨论该酒店前厅的布局和环境构造有哪些亮点和不足。

【实训标准】

实训形式	以学生参观学习和自由讨论为主
角色分工	每个小组的学生自行分工，确定谁最后代表小组发言
实训重点	1.学生在参观时应仔细聆听和观察，不懂的地方要及时提问。 2.参观结束后积极与同学讨论

项目二　客房预订服务与管理

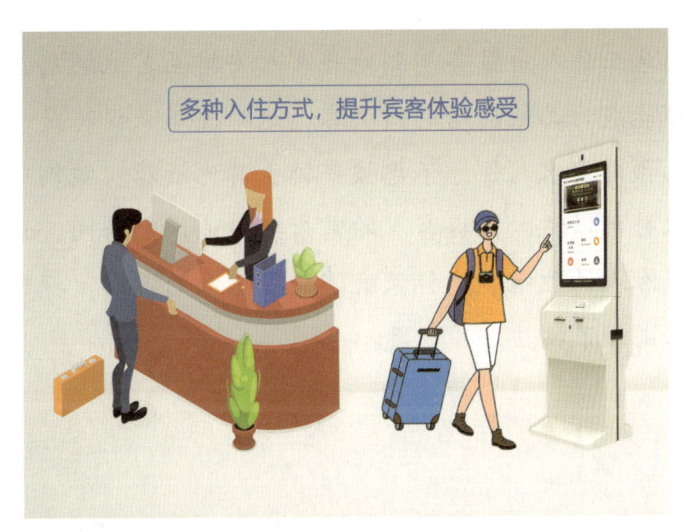

客房预订是酒店一项非常重要的服务，对于酒店来说，不仅是一种市场销售手段，更是一种科学而系统的酒店管理方式，能够为酒店提供稳定而长期的客源。通过受理客人的预订，酒店能够更好地掌握客源的动态情况，预测未来的业务发展趋势。这不仅有利于协调各个部门的工作，提高工作效率和服务质量，还能够帮助酒店更好地规划和安排资源，以满足客人的需求。

客房预订的重要性不言而喻，它不仅是酒店与客人之间的一种信任和合作关系，更是一种提供优质服务的承诺。通过科学而系统的客房预订管理，酒店能够为客人提供更好的入住体验，提升客人的满意度和忠诚度。同时，这也是酒店在激烈的市场竞争中脱颖而出的重要手段，为酒店的发展和壮大提供了可靠的支持。

学习引导

在"五一"劳动节、"十一黄金周"等旅游旺季，各酒店的客房出租率普遍较高，可能会出现客房"超载"的情况。为了保证经济效益，很多酒店都会推行超额预订。一天，某酒店2704号房为预离房，可该房的客人一直未退房，酒店大堂副理多次打电话联系2704号房的预离客人，但都未联系成功。

当天下午6点，客人终于姗姗来迟，出现在前台，并要求办理续住手续。而此时，预订过2704号房的预抵客人恰巧刚刚抵店……大堂副理试图向刚到的客人解释情况，并保证将他安排到其他的酒店，一旦本酒店有空房就将其接回。但客人对这个方案并不满意，态度坚决，称这是酒店自身的问题，与他无关，他不想妥协，因此哪儿也不想去。鉴于该客人态度十分坚定，而且多次表示哪怕房间小一点也没关系，大堂副理在值班经理的许可下，将客人安置到了值班经理房。最后，终于解决了这个问题，两位客人也对此方案表示满意。

【点评】

酒店只有在内部实在挤不出房间时，才可以考虑将客人安排至其他酒店。原因有二：其一，很多时候，尽管酒店工作人员服务周到地将客人安排至其他酒店，也有可能永远失去这位客源，因为客人很可能成为其他酒店的回头客，这对酒店来说将是一次损失；其二，预订客人一般都愿意按自己预订需求入住，不愿被安排至其他酒店。案例中的酒店在预订失约行为处理中，能积极采取补救措施，根据客人的需求巧妙地调剂房间，最终让客人入住到了值班经理房，妥善安排好客人的住宿。这样做既消除了客人的不满，挽回了不良影响，维护了酒店的声誉，又为酒店增加了收益。

学习目标

知识目标

1.了解酒店的房型、房态、房价信息管理方法。

2.了解酒店客房预订的渠道、方式与种类。

3.了解客房预订的类别及程序。

技能目标

1.会进行酒店的房型、房态、房价管理。

2.会处理酒店客房的预订和变更。

3.会处理特殊预订单。

4.会进行超额预订。

素养目标

1.培养学生的独立思考能力和动手实践能力。

2.培养学生的职业素养和社会责任感。

管理酒店的房型、房态和房价信息

任务一　房间信息管理

管理酒店的房型、房态和房价信息是酒店客房营销过程中的第一环节，也是至关重要的一环，在客房预订出去前，需确保房型、房态和房价信息始终保持最新和准确，以提供良好的客户体验，同时可以避免潜在的预订冲突，增强客户好感度和忠诚度。

要怎样去管理好酒店的房型、房态和房价信息呢？请同学们思考并讨论。

一、房型管理

酒店房型管理是指对酒店的不同房型进行定义、维护和管理的过程。酒店房型管理关键要素包括：房型定义、房型属性、房型设施、房型价格，以及房型图片和描述等。

房型管理主要包括可用性管理和房型调整与更新两个方面。房型可用性管理是指及时更新房型的可用性信息，确保预订系统和前台系统中的房间状态准确无误，这有助于避免重复预订或将不可用的房间分配给客人。

房型调整和更新是指根据市场需求和客人反馈，定期评估和调整酒店的房型组合。也就是根据市场环境增加或减少某些房型，或者对现有房型进行改进和更新。在通常情况下，受酒店场地等硬件条件难以改变的局限性，酒店房间数量难以改变，只能通过调整不同房型比例和更新硬件设施来适应市场需求，反应在PMS（酒店管理系统）房型管理上就是对酒店房间房型的重新定义。

知识链接

更改房型操作实例

二、房态管理

酒店房态管理是指对酒店客房的状态进行实时监控、更新和管理的过程。可以在PMS等软件中实时管理客房的状态，如空房、预订、入住、维修、清洁等，以达到及时更新房间状态、跟踪和管理房间的清洁和维修工作、实现最佳的房间利用率的效果，并确保房间设施和设备的良好状态，如图2-1所示。

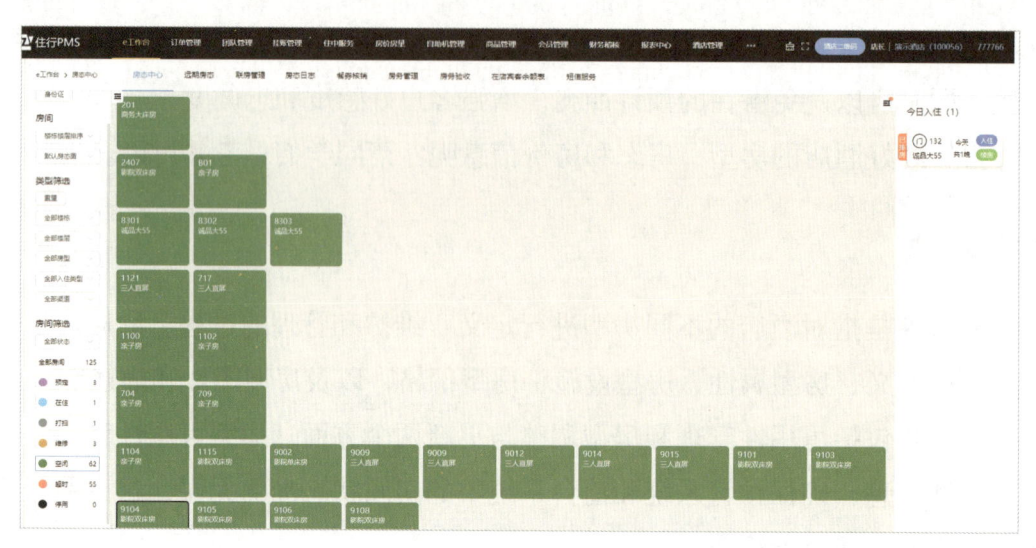

图2-1 酒店房态管理

知识链接

房态管理操作实例

三、房价管理

酒店房价管理是指酒店对客房价格进行策略性的制定、调整和管理的过程。包括制定价格策略、动态定价、预订渠道管理、价格弹性分析、促销和套餐策略等过程。

制定价格策略：酒店价格策略包括基础价格、季节性调整、周末和节假日价格等。例如，在淡季适当降低房价，在旅游旺季适当提升客房价格等。这些策略应该考虑到市场需求、竞争对手的定价、预订趋势以及酒店的目标市场。

动态定价：根据实时需求和供应情况，可采用动态定价策略。所谓的动态定价，即酒店实时关注市场需求、预定趋势等信息，灵活地进行酒店客房定价。这意味着酒店可以根据需求的高低和房间的供应情况，调整价格以实现最大化收益。例如，在需求低谷时，可以降低价格以吸引更多客人入住；而在高需求时，可以提高价格以提高收益。

预订渠道管理：管理不同的预订渠道，如在线旅行社、酒店官方网站、电话预订等。对于每个渠道，酒店可以制定不同的房价和优惠政策，以吸引更多的客人预订。同时，酒店还需要跟踪和管理各个渠道的预订情况，以便根据需求做出相应的调整。

价格弹性分析：对市场的价格弹性进行分析，以确定价格调整的影响和潜在收益。通过了解市场对价格的敏感度，酒店可以更准确地制定定价策略，并做出相应的调整。

促销和套餐策略：制定促销活动和套餐策略，以提高客房销售量和收益，包括打折、特价、免费升级、包含早餐等优惠措施，以吸引客人选择酒店。一般来说，酒店在新开业、周年庆、特殊节假日等情况下可以开展促销活动，吸引更多的客人关注、消费酒店产品。酒店房价管理如图2-2所示。

图2-2 酒店房价管理

任务实训

【实训项目】操作酒店管理系统，处理客房的预订、变更和取消。

【实训目标】通过实训，学生能够熟练掌握通过酒店管理系统管理酒店客房预订的方法，为今后的工作打好基础。

【实训时间】2学时。

【实训步骤】

1.实训开始前，准备好酒店管理系统操作账号，保持网络通畅。

2.学生通过电脑登录酒店管理系统，分别进行客房预订操作、订单查询和变更操作、取消订单操作。

3.学生总结操作过程中的重点和难点，并与老师、同学分享。

【实训标准】

实训形式	以学生操作和总结为主
角色分工	学生将自己代入前厅工作人员的角色，教师点评学生的操作情况
实训重点	1.学生在实训过程中要主动思考，独立完成实训内容。 2.在实训过程中遇到不懂的操作要做好记录，以便实训结束后向老师、同学请教

了解预订渠道、方式与种类

任务二　预订渠道与方式探索

在做好前期准备后，酒店将开始对现有客房进行营销。为拓宽客源，酒店就需要拓宽自己的客房预订渠道，并提高渠道预订的质量与数量，来满足不同需求和习惯的人群进行预订。客源分布广，可提高酒店盈利率，保证酒店收益。

如果是你，你会选择以什么样的种类和方式来拓宽酒店的预订渠道呢？请同学们思考并讨论。

一、客房预订的渠道

了解酒店预订渠道、方式和种类可以帮助酒店扩大市场覆盖范围，提高预订效率和便利性，增加市场曝光度，并优化市场营销策略。客房预订的渠道有直接渠道和间接渠道两种。

（一）直接渠道

直接渠道订房是客人不经过任何中间环节直接向酒店订房。客人通过直接渠道订房，酒店所耗成本相对较低，且能对订房过程进行直接、有效的控制与管理。直接渠道订房大致有下列几类。

（1）客人本人或委托他人或接待单位直接向酒店预订客房。

（2）旅游团体或会议组织者直接向酒店预订所需的客房。

（3）旅游中间商作为酒店的直接客户向酒店批量预订房间。

（二）间接渠道

间接渠道订房是指客人通过旅行社、在线预订平台等中介机构代为办理客房预订手续。间接渠道订房大致可分为以下几类。

（1）旅行社订房。

（2）美团、携程、同程、艺龙、去哪儿网等国内在线旅游电商订房。

（3）连锁酒店订房或合作酒店订房。

（4）通过航空公司及其他交通运输公司订房。

（5）通过会议及展览组织机构订房。

二、客房预订的方式

客房预订的渠道不同导致客房预订的方式也是多种多样的，且各有其不同的特点。通常情况下，客人采用何种方式订房，取决于预订的紧急程度和客人的预订设备条件。客人常采用的预订方式主要有下列几种。

（一）电话订房

电话订房是指客人拨打酒店的电话号码来预订酒店客房。在电话订房过程中，客人需要提供准确的预订所需的相关信息，包括入住日期、离店日期、房间类型、入住人数、入住人电话号码（预留客人手机号主要是为了方便后续沟通以及方便发送相关提示短信）等。酒店工作人员会根据客人的需求和酒店的实际情况，提供当前可预订房间的数量、房号和价格信息，并确认预订细节。

电话订房的优势之一在于提供个性化服务。客人可以直接与酒店的工作人员交流，提出特殊需求和意见，例如需要无烟房、加床、提前入住等。酒店工作人员可以根据客人的要求进行安排，并提供更加个性化的服务。另一个优势是可即时确认和沟通。

（二）面谈订房

面谈订房是指客人亲自到酒店与订房员面对面沟通客房预订事宜。在面谈订房过程中，客人可以与酒店前台工作人员实时交流，提供预订所需的信息，并商讨房间类型、价格、入住日期等细节。工作人员会根据客人需求和酒店实际情况提供可用的房间选择，并协商确认预订细节。

面谈订房通常需要客人提供个人信息和支付预订费用。这种订房方式最能展示酒店前台工作人员的销售魅力。在面谈过程中，订房员有机会详尽了解客人需求，并当面解答客人问题，有利于推销酒店产品。订房员与客人面谈订房时应注意以下事项。

（1）仪表端庄、举止大方，讲究礼节礼貌，态度热情，语音、语调适当、婉转。

（2）准确把握客人心理，熟练运用销售技巧，灵活推销客房和酒店其他产品。必要时，还可向客人展示房间及酒店其他设施与增值服务，供客人选择。

（3）避免向客人做具体房号的承诺，若客人不能确定逗留的具体天数，应设法让其说出最多和最少的天数，以便于前台安排房间；若客人不能确定具体抵达时间，在用房紧张时期，可明确将客房保留到抵店当天的18点。

（三）互联网订房

互联网订房是目前最主流的订房方式，是通过互联网平台进行客房预订，如图2-3所示。

互联网订房的方式有许多，下面列出了一些常见的互联网订房方式，仅供参考。

（1）通过酒店自建的网络平台直接向酒店订房。许多大型酒店有自己的官网、小程序、App，可提供全方位的在线订房服务。

（2）通过邮件订房。具体方法是向酒店发送邮件，说明入住时间、离店时间、房间数量等信息来进行客房预订。

（3）通过酒店连锁集团公司的订房系统向其所属的酒店订房。

（4）通过OTA平台订房。即通过携程、同程、艺龙等国内在线旅游网站订房。这个预订方式的好处是客人可以对比多家平台的房价信息，选择性价比较高的平台进行客房预订。

图2-3　互联网订房

互联网订房的主要优势之一是方便快捷，另一个优势是信息丰富。通过互联网订房平台，客人可以获取酒店的详细信息，包括房型、设施、价格、服务和评价等。此外，互联网订房还可以提供便捷的预订管理和灵活的取消政策。

（四）合同订房

合同订房一般适用于长期订房或者是大额订房（客房预订数量比较多），是指酒店与旅行社或商务公司签订订房合同，以达到长期出租客房的目的。在合同订房中，酒店和客人之间会建立一份具有法律效力的订房协议，协议明确了双方的权利和义务。

合同订房的主要优势是提供了法律保障和明确的权利与义务。通过签订合同，双方都知道自己的权益和责任，并且可以在合同中明确规定任何特殊要求或约定。

三、客房预订的种类

客房预订的种类是多样且复杂的，按照入住客人的人数和订房类型可划分为散客预订和团体预订；按照预订提前天数的多少可划分为当日订房、提前订房等；按照酒店应承担责任的大小可划分为非保证类预订与保证类预订。

（一）散客预订

酒店的散客预订是指个别旅客或小团体通过酒店的预订系统或直接联系酒店预订房间或住宿服务。这种方式与团体预订或会议预订不同，团体预订通常涉及较多的人数，而会议预订则通常是为了举办会议或活动而预订酒店客房和会议空间。

散客预订通常包括以下步骤：选择酒店—预订房间—确认预订—入住—退房。

散客预订通常是最常见的酒店预订方式，适用于个别旅客或小团体，他们可以根据自己的需求和预算选择合适的酒店和房间类型。

（二）团体预订

团体预订是指较大规模的旅行团体、公司团体、会议或活动组织者预订酒店客房和会议空间的方式。这种类型的预订通常涉及多个房间和较多的人数，需要特殊的安排和协商，以满足团体的需求。

1.规模

团体预订通常涉及较多的人数，一般是十人或更多。组织者会与酒店的销售团队或团体销售代表进行协商，以确定入住日期、房间数量、房型、价格和其他特殊需求。协商的内容通常会写入合同中，以确保双方的权益。

2.定价和合同

团体预订的价格通常会受到团体规模、入住日期、预订的房间类型和其他特殊服务的影响。酒店和团体组织者会达成协议，确定固定价格或折扣价格。合同通常会规定支付条件、取消政策和其他相关条款。

3.房间分配

团体预订的房间通常需要特殊分配，以确保足够的房间供团体使用。组织者通常会提供参与者的名单，以便酒店安排入住。房间分配还可能考虑到特殊需求，例如残疾人友好的客房或家庭间。

4.会议和活动空间

团体预订通常还包括会议和活动空间的预订，以满足组织者的活动需求。这可能包括大会议室、小会议室、宴会厅等。组织者通常需要提前与酒店协商，并确定活动时间、设备和用餐安排。

5.客户服务

酒店通常会提供额外的客户服务，以满足团体的需求，例如集体入住手续、定制的餐饮选项、团体活动协助等。

6.预订变更和取消

团体预订通常需要提前安排，并要遵守严格的取消政策。如果团体需要对预订进行变更或取消，通常需要提前通知酒店，并且酒店一般会收取一定的违约金。

团体预订是一种专门为较大规模的旅行团体或会议活动组织者提供的服务，酒店通常会与组织者合作，以确保他们的特殊需求得到满足，从而为团体提供愉快的住宿和会议体验。

（三）非保证类预订

非保证类预订通常有以下三种具体方式。

1.临时类预订

临时类预订是指客人的订房日期与抵店日期非常接近，甚至是在抵达当天进行的预订。客人进行临时预订时，酒店一般没有足够的时间来提供书面确认，所以通常以口头方式进行确认。当天的临时类订房通常由前厅接待处的员工处理。如果客人未在取消预订时限内抵达酒店，那么该预订将被取消。

2.确认类预订

确认类预订是指客人提前较长时间向酒店提出房间预订请求，酒店会用口头和书面方式确认，并承诺将客人的房间保留至预订入住时间之前。如果客人在预订入住时限内未到达酒店，那么该预订将被取消。

3.等候类预订

等候类预订是指当酒店客房已满时，酒店将把额外的客人列入等候名单的情况。酒店存在等候预订是因为预订可能存在一定的不确定性，例如客人可能会取消预订或提前退房。对于等候类预订的客人，酒店通常不提供确认书，而是在其他客人取消预订或提前离店等情况下，给予他们优先安排。

（四）保证类预订

保证类预订又称担保预订，是指客人通过提前支付定金、使用信用卡、签署商业合同等方式，以确保酒店能够保留客房，并必须按照客人的预订提供住宿服务。客人通过预付定金来担保他们的房间需求，也就是说，客人在特定日期之前支付至少一晚的房费，酒店会承诺在指定日期内提供住宿服务。在旅游旺季或那些客房有限的高档酒店，为了避免因客人无故不到或突然取消预订而导致损失，通常会采取保证类预订的政策。

1.担保方式

担保方式有信用卡、支付一定金额的预付款、签订商业合同等。由于各地区、各酒店的实际情况不同，担保方式也不尽相同。有些酒店将其认可的个人名誉视为订房担保；在国内，有许多酒店目前尚无法接受以信用卡作为订房担保。采取何种有效的订房担保，应视情况而定。

2.酒店、客人双方的义务

一般情况下，保证类预订通常会事先规范双方的责任和义务。

（1）酒店的义务：酒店需将客人的房间保留至第二天酒店规定的退房时间，并视客人已支付一天的房费。如果酒店未能遵守这一承诺，酒店将承担全部责任，包括为客人提供相似条件的房间、支付第一晚的房费以及承担可能产生的额外费用，如出租车费和电话费等。这便是所谓的"第一夜免费制度"。

（2）客人的义务：如果客人未能按照预订的日期抵达酒店入住，客人预付的定金将不予退还，以弥补酒店可能因空房而遭受的损失。此外，客人之后几天的预订将会自动取消。

任务实训

【实训项目】讨论如何向亲朋好友推荐间接的订房渠道。

【实训目标】通过实训，学生要熟悉客房预订的各种间接渠道及特点，掌握一些常见的在线订房渠道。

【实训时间】2学时。

【实训步骤】

1.将学生进行分组，每组控制在4~6名学生。

2.教师引导每个小组根据常识、网上搜索等进行资料收集、讨论和归纳总结。

3.各小组选一个学生代表小组进行发言，其他小组点评，最后由教师总结提升。

【实训标准】	
实训形式	以学生的讨论和分享为主
角色分工	教师作为评委,每个小组各推举一名学生代表整个小组发言
实训重点	1.学生要积极参与讨论,加深对所学知识的理解。 2.学生在讨论过程中要充分利用所学知识和日常生活的所见所闻,要善于观察和学以致用

认识客房预订
类别及程序

任务三　客房预订流程操作

酒店想要提高客人对酒店的满意度与好感度,可以先从酒店客房的预订入手。从客房预订类别和程序上,让客人能够根据自己的需求和喜好,方便快捷地预订到合适的客房,从而提高客人的入住体验,进一步提高客人对酒店的满意度与好感度,增强客人对酒店的忠诚度。当然,有预订也会有取消及变更,做好后续的跟进工作也是为酒店发展潜在客人的重要一环。

那么,酒店的客房预订类型包含哪些元素呢?如果你遇到预订变更会如何处理呢?

一、客房预订类别

客房预订类别是一种根据多样化标准和不同需求对酒店客房进行分类和区分的方式。这些类别可以帮助客人更好地选择符合自己需求的客房类型,提升客人的入住体验。

常见的客房预订类别包括以下几个方面。

一是房型。酒店客房根据其用途和规格可以分为多种类型。标准房通常提供基本设施和服务;豪华房则更宽敞、舒适,装潢更为精致,提供更多的豪华设施;套房则通常包括卧室和独立的起居室,提供更多的空间和隐私,以及更多的高级设施和服务。

二是床型。客人可以根据个人喜好选择不同类别的床型,如单人床、双人床、大床或双床,以确保他们在夜晚享受舒适的睡眠。

三是视野。视野也是一个重要的预订类别。客人可以选择海景房、城市景观房等,以在客房内欣赏到壮观的景色,为他们的住宿带来额外的愉悦感。

四是楼层。客人还可以根据对楼层的喜好来选择房间,例如高层房或低层房。高层房通常提供更好的景观和更少的噪声,而低层房则更接近酒店的便利设施。

五是吸烟/非吸烟房。酒店通常提供吸烟和非吸烟房间选项，以满足不同客人的吸烟偏好。

酒店可以通过提供多样化的客房类型来满足不同客人的需求，提供好的服务，提升酒店的口碑和知名度，提高入住率。

二、处理客房预订

处理客房预订在具体的操作过程中需要注意许多细节，确保数据准确不出差错，比如客户信息的准确录入、房型和房价的准确确认、预订的有效性验证、房态的及时更新等。

处理客房预订通常包括接收预订请求，检查客房可用性，提供报价和选项，确认预订，收取预订押金或授权，发送预订确认，以及客人入住等步骤。

（一）订房程序

1.客房预订关键步骤

客房预订程序的流程至关重要，合理的预订流程可以确保前厅部的高效运作。客房预订通常包括以下几个关键步骤。

（1）预订前的准备工作。

在客房预订开始之前，前厅部需要进行充分的准备。包括检查预订报表和各种统计表，确保计算机处于工作状态，查看交接班记录，以及准备好预订单和相关用品。

（2）与客人的联系。

客人可以通过多种方式向酒店前厅部的客房预订处提出订房要求，包括电话、面谈、传真和互联网等。前厅部需要随时与客人进行有效的沟通。

（3）确认客人需求。

预订员需要主动向客人询问详细信息，以了解客人的住宿需求，包括抵店日期、客房类型、需要的房间数量和住宿天数等。

（4）接受或婉拒预订。

接受预订：如果客人的需求与酒店实际可提供的服务相符，预订员会接受预订，并与客人确认房价。此时，还需要详细了解客人的其他信息，如客人的姓名、人数、抵店时间、交通方式、特殊要求、付款方式，以及预订人的联系信息。这些信息需要仔细填写在"客房预订单"中，以确保服务流畅。

婉拒预订：如果客房无法满足客人的预订需求，预订员需要婉言拒绝客人的初始预订请求，通常是因为客房已满。然而，这并不意味着终止服务。在婉拒预订时，预订员应主动提供可供客人选择的其他建议，以提高客房销售，并维护酒店形象。

2.受理网络预订

第一步：对于装有网络连接终端机的酒店，必须每天按时查看在线预订信息。获得预订信息后，要标记客人的姓名、抵离日期、所需客房数量和特殊要求等重要信息。

第二步：填写预订单，将客人的信息和要求记录下来。

第三步：如果客房已经客满，必须提前通知网络中心，以避免出现问题。

第四步：每个网络预订都需要进行确认，以确保客人的预订得到妥善处理。

第五步：将预订信息输入到电脑系统中，做好相关记录，以便月底进行统计。最后，将预订确认函与客房预订单一起存档。

3.受理重要客人（VIP）预订

第一步：遇到持有酒店VIP卡的客人的预订，经酒店领导、部门经理确认的预订和酒店高额消费的常客预订，应予以优先考虑。

第二步：接收到来自首次来店的重要客人的预订后，应将客人姓名、公司、职务等身份资料上报前厅部经理审批。

第三步：对于重要客人的预订，应在客房预订单上注明重要客人及VIP代号等级，作为VIP客人接待。

第四步：在受理VIP客人预订时，应尽可能获取客人到达的确切时间，以便大堂副理或领导更好地开展迎接工作。

第五步：将VIP客人信息输入电脑，填入客房预订单。

第六步：根据客人的要求做事先控制，安排好其喜欢的或指定的房间。

第七步：VIP客人预订后，应填写VIP客房布置单，由前厅部经理批签后，将此单发往各相关部门。

4.受理团队、会议预订

第一步：收集预订信息。询问预订人的姓名、单位、住店人数、房间种类、房间数量、抵离日期等信息。

第二步：查看客房预订情况。查看电脑系统中的客房预订情况，确定是否能够接受预订。

第三步：确定房价和填写通知单。确定房价，并核实是否为酒店的协议单位。填写团队或会议接待通知单。

第四步：定金缴纳或签订合同。由于团队或会议的订房数量通常较大，完成定金缴纳或签订合同手续，并确认预订。

第五步：输入和打印信息。根据团队或会议接待通知单的内容，将信息输入电脑并打印。

第六步：确认预订。在客人抵达前一天上午，与预订人联系，再次确认预订是否有变动。如果信息不完整，及时联系补全。

第七步：通知各相关部门。在客人抵达前一天，由总台负责将团队或会议接待通知单发送给各相关部门。

第八步：资料存档。将预订资料收集齐全，并进行存档。

三、预订的变更和取消

变更预订：如果客人需要更改预订的入住日期、离店日期、房型或其他要求，他们一般会在抵店之前与酒店或预订平台联系。届时酒店应该根据可用性和政策进行调整，尽量满足客人的需求。

取消预订：如果客人突然通知酒店或预订平台要取消预订，酒店相关人员应该根据酒店的预订取消政策进行灵活处理。取消政策可能会根据预订日期和取消通知的提前期而有所不同。酒店可能会收取一定的取消费用，具体费用会根据取消政策而定。

退款处理：如果客人取消预订且符合取消政策的要求，酒店会根据政策进行退款处理。

受理、取消和更改预订都有严格的操作程序。如果不严格按规定执行，就容易出现类似于客人抵店后无房可住或者客人入住的房间与实际的房间不匹配等差错，给酒店造成直接经济损失和不必要的人力资源的浪费。

任务实训

【实训项目】模拟散客电话订房服务。

【实训目标】通过实训，学生要熟悉客房预订服务中应掌握的信息，巩固受理电话订房的服务程序与标准。

【实训时间】2学时。

【实训步骤】

1.教师预先设计好客房预订内容，包括时间、房号、房间数等内容。

2.两名学生为一组进行角色扮演，一人扮演前台预订员，一人扮演客人，完成一次散客电话预订的受理。

3.学生角色互换，再进行一次步骤2的实训内容。

4.教师参与过程指导，最后根据学生操作过程中存在的问题进行点评。

项目二　客房预订服务与管理

【实训标准】	
实训形式	以学生操作和教师的指导点评为主
角色分工	教师作为引导者负责实训的过程指导，学生分别扮演前厅工作人员和散客
实训重点	1.学生要将自己代入角色。 2.在实训过程中遇到难点要及时请教

处理特殊订单及超额预定

任务四　特殊预订与超额处理

酒店作为服务业，遇到的客户形形色色，也会遇到有特殊需求的预订订单。特殊订单大部分情况下需要酒店各部门的协调配合，要在做好服务的同时保证服务的质量，旨在满足客人的特殊需求或提供特殊的体验，确保客户的舒适度。与此同时，如果酒店出现超额预订的情况，要及时合理地进行客房调整，以保障客人的权益与酒店的声誉。

那么，你知道哪些特殊订单类型呢？如果出现超额预订的情况，你会怎样处理呢？请同学们思考并讨论。

一、特殊订单

特殊订单是指与普通订单不同的、具有特殊需求或要求的订单。特殊订单的种类包括团体预订、婚礼预订、会议预订、残疾人友好房间预订等。酒店会根据客人的特殊需求，提供相应的服务和设施，以确保客人的满意度和舒适度。

（一）团体预订

团体预订是指一次性预订多个房间或者为大型团体提供住宿的预订。这种预订通常涉及较大规模的人数和需求，需要酒店提供额外的设施和服务来满足团体的需求。团体预订的具体内容见本书项目二任务二。

（二）婚礼预订

婚礼预订是指在酒店或其他场地预订婚礼仪式和宴会的服务。婚礼预订通常需要提前与酒店或婚礼策划公司联系，以便安排和预订所需的服务和场地。新人可以与专业的婚礼策划人员沟通，提供婚礼的要求，以确保婚礼的顺利进行并满足新人的期望。酒店或婚礼场地（见图2-4）会根据新人的需求提供相应的服务和设施，以确保举办一场成功和难忘的婚礼。

图2-4　婚礼场地

（三）会议预订

会议预订是指在酒店或其他场地预订会议活动的服务，通常需要提前与酒店或会议中心联系，以便安排和预订所需的服务和场地（见图2-5）。会议组织者可以与专业的会议策划人员沟通，提供会议的需求，以确保会议的顺利进行并满足组织者和与会者的期望。酒店或会议中心会根据会议的规模和需求提供相应的服务和设施，以确保会议的成功和效果。

图2-5　会议场地

（四）残疾人友好房间预订

残疾人友好房间是指专门为残疾人设计和提供的无障碍客房，如图2-6所示。这些房间通常配备了一系列的设施和设备，以满足残疾人士的特殊需求，使其能够方便、安全地使用客房。

残疾人友好房间的特点和设施可能包括以下几方面。

无障碍通道：房间和浴室的通道宽敞平坦，方便残疾人士使用轮椅或助行器。

无障碍浴室：浴室配备了无障碍淋浴设施、扶手、座椅等，方便残疾人士洗漱和沐浴。

扶手和把手：房间和浴室内设有扶手和把手，提供支持和稳定性。

低床和床边护栏：床的高度适合残疾人士上下床，床边配备护栏，提供安全保障。

视觉和听觉辅助设备：房间内可能配备视觉和听觉辅助设备，如闪光灯警示器、门铃和电话的放大器或震动提醒器等。

紧急呼叫系统：房间内可能设有紧急呼叫按钮，方便残疾人士在紧急情况下寻求帮助。

酒店通常会在预订时提供残疾人友好房间的选择，以满足残疾人士的需求。残疾人士可以提前与酒店联系，说明自己的特殊需求，以便酒店提供合适的房间和服务。

图2-6 残疾人友好房间

二、超额预订

（一）超额预订的定义

超额预订是指预订的房间数量超过了可用的数量或容量。在酒店行业中，即使酒店订房率达到100%，也会出现客人因故未到、临时取消、延期抵店，或者提前离店的情况，导致出现空房损失。为了提高客房出租率并获得最大的经济效益，酒店通常会实施超额预订策略。

超额预订是酒店在已满预订的情况下，适当增加订房数量的一种预订现象，目的是弥补因客人预订不到、临时取消或提前离店而导致的空房损失。

超额预订是订房管理的一门艺术，处理得当时，可以提高客房出租率，增加酒店的经济收益。然而，如果处理不当，可能会因为过度超额预订导致已预订客人无法入住，给酒店带来不必要的麻烦。因此，酒店在实施超额预订策略时需要谨慎权衡，确保能够平衡客房供需关系，同时保证客人的预订权益。

（二）超额预订数的确定

超额预订需要注意适度。过度超额预订可能导致客人无法按时入住，而超额预订不足则会导致部分客房闲置。一般来说，酒店应将接受超额预订的比例控制在5%~20%。具体的超额预订数应根据酒店的实际情况进行合理的控制。

计算最高超额订房控制线时需要考虑预订取消率、预订未到率、提前退房率以及延期住店率等因素的影响。酒店应结合自身的订房历史数据，分析订房动态，制定出最合理的超额订房控制线。

（三）超额预订数的影响因素

酒店在计算最高超额订房控制线后，还应考虑团体订房和散客订房占比、淡旺季、各订房单位过去的信誉、酒店附近其他相同档次酒店当时的客源状况、订房提前量的数量、天气等其他特殊情况等影响因素，对超额预订数进行适当的调整。

（四）超额预订造成的失约行为处理

如果酒店超额预订过度，出现预订失约就会在所难免。如果因超额预订而使客人不能入住，酒店应妥善处理。

1.针对非保证类预订的失约行为处理

（1）诚恳地向客人道歉，请求客人的谅解。

（2）挖掘酒店内部潜力。与部分客人商量，劝其退房，但不应让住店客人离开，最好先占用已订房但未到客人的房间。在内部解决不了的情况下，应立即与另一家同等级酒店联系，请求援助。同时，派车将客人免费送往这家酒店，支付房费差价，并提供相应的补偿。

（3）酒店内一有空房，在客人愿意的情况下，应立即把客人接回，并对其表示欢迎。此时，大堂副理应出面迎接或在客房内摆放鲜花等。

（4）对提供援助的酒店表示感谢。

2.针对保证类预订的失约行为处理

对保证类预订的失约行为处理，除采取以上措施外，酒店还应视具体情况，为客人提供以下帮助。

（1）支付附近同等级酒店第一夜房费，或客人回本酒店后享受一天免费房，并将定金退还给客人。

（2）积极与客人配合，如果客人有需求，免费为其提供一次长途电话费或传真费，协助客人将临时改变酒店的情况通知有关方面。

（3）次日排房时，首先考虑此类客人的用房。大堂副理在大堂迎候客人，并陪同客人办理入住手续。

项目二　客房预订服务与管理

任务实训

【实训项目】模拟预订失约行为的处理。

【实训目标】通过实训，学生要树立良好的服务意识，掌握预订失约行为的处理程序与标准。

【实训时间】2学时。

【实训步骤】

1.教师根据预订失约行为设计训练内容。

2.两名学生为一组进行角色扮演，其中一人扮演酒店员工，一人扮演客人，完成一次预订失约行为的处理。

3.学生角色互换，再进行一次步骤2的实训内容。

4.教师参与过程指导，最后根据学生操作过程中存在的问题进行点评。

【实训标准】

实训形式	以学生操作和教师的指导点评为主
角色分工	教师作为引导者负责实训的过程指导，学生分别扮演前厅工作人员和酒店客人
实训重点	1.学生要将自己代入角色。 2.在实训过程中遇到难点要及时请教。 3.教师最后需要就本次实践进行总体的点评和总结

项目三　宾客个性化服务实践

酒店个性化宾客服务是一项通过深度了解客户需求，有针对性地进行个性化定制的服务，是一种提高客户满意度的战略性服务举措。个性化宾客服务包括迎送宾客、接取行李、办理排房和入住、收取房费及核对账务、处理礼宾及接待中的常见问题等，这种服务的目的是让宾客感受到独特、个性化的对待，提升他们的满意度和忠诚度。

全方位的个性化服务不仅能提升客户体验，还有助于酒店在市场竞争中取得竞争优势。

学习引导

2023年10月13日，小陈入住某家豪华度假酒店。

小陈有一个不太明显的习惯，他比较怕热，稍微嗜辣，不太喜欢太软的床铺。这些习惯小陈的许多朋友都未曾察觉。

当天下午4点整，在小陈抵达该酒店所在地的机场时，酒店已派接待人员等候在那里，并且派出一辆专车接送小陈，同时在车上提供了小陈喜欢的饮料和小吃。这让一路风尘仆仆的小陈感到无比惊喜，对这个不太熟悉的城市也顿感亲切！

当小陈在酒店工作人员的帮助下进入他预订的客房时，房内的环境让他欣喜不已：房间的装修简约但不简单，客房的温度让他感觉很舒适，房间内的家具干净整洁；更让他惊喜的是，床铺的软硬度也是刚好合适；此外，他还在书桌上发现一份个性化的欢迎信，里面详细介绍了他所选的服务和特别安排以及当地的风土人情、旅游攻略等。服务不可谓不周到！

晚餐时间，酒店的工作人员准时为他送来了一份晚餐。更让他惊喜的是，晚餐的口味完全符合他的偏好！这实在是出乎小陈的意料。

其实这是小陈第二次入住这家酒店，但令他意想不到的是，这家酒店竟会如此细心，在

项目三　宾客个性化服务实践

他第一次住店时就将他的爱好、需求都记录在册。也是这个原因，小陈后续出差、游玩，只要经过这个城市，他就会选择入住这家酒店；同时，他也推荐了一些朋友、同事来这家酒店住宿。

【点评】

服务是一种境界，这种境界是无法用数量和尺度来丈量的，而是一种在经验积累基础上的悟性。有了这种用心服务的悟性，才能达到一定的境界。要不是小陈亲身经历，他不会想到一家酒店会对他这样一个第二次入住的客人提供如此贴心的服务。当然，很多酒店也不会想到，一个只消费过两次的客人，竟会自发地成为酒店最忠实的顾客，并且自主地为酒店宣传，推荐好友亲朋来酒店消费。

学习目标

知识目标

1. 了解常见的个性化宾客服务。
2. 了解礼宾和接待中的常见问题。
3. 了解迎送宾客及接取行李的要求。

技能目标

1. 会进行宾客迎送，能熟练接取行李。
2. 会办理排房和入住。
3. 掌握房费收取及核对账务的基本技能。
4. 会处理礼宾接待中的常见问题。

素养目标

1. 培养学生的服务意识和服务能力，引导学生树立正确的职业观。
2. 培养学生的学习能力、实践能力和随机应变能力。

迎接送别宾客

任务一　宾客迎送服务

作为服务行业，酒店服务的重要性不言而喻，它直接影响着客人的入住体验和对酒店的印象，优质的服务能提升酒店口碑，从而对酒店的业务发展和盈利能力产生积极影响。

迎接送别宾客是酒店最基础的对客服务之一，如何做好这项服务以使酒店在众多的竞争者中脱颖而出呢？请思考并讨论。

一、礼宾

礼宾服务源自法语单词"Concierge",也可以翻译为"代理服务"或"委托代办服务"。这项服务通常由酒店的礼宾部门提供。礼宾部的任务是为宾客提供全方位的服务,从他们抵达城市并入住酒店开始,一系列服务如接机、行李搬运、安排市内活动等就依次展开。在大中型酒店中,礼宾部通常包括迎宾员、门童、行李员、机场代表和送餐员等不同职位。而在小型酒店中,通常只会设置行李部。礼宾部的员工是客人首次遇到的酒店代表,也是客人最后与酒店告别的人,因此他们在宣传酒店、推广酒店的产品,以及给顾客留下良好印象等方面起到至关重要的作用。

(一)机场代表服务

为方便宾客,体现对宾客的尊重,高星级酒店一般都会在机场、车站及码头安排专门的代表(接待人员),负责住店宾客的迎接和送别服务。机场代表是宾客所见到的第一位酒店服务人员,机场代表应该注意自己的言行举止,给宾客留下良好的印象。

1.迎接宾客

(1)迎接普通宾客。

①机场代表从预订部获取当天抵达需要接机服务的宾客名单和航班信息,然后前往机场准备迎接宾客。

②航班一旦抵达机场,机场代表要身着明显带有酒店标志的制服,站在出口处,面带微笑,手举着写有宾客姓名的接待牌。

③当宾客抵达机场时,机场代表主动走向他们,进行自我介绍,包括姓名、工作单位、职务,并介绍当地的日期、时间以及从机场到酒店的预计时间。

④机场代表协助宾客搬运行李,引导并护送他们前往出租车站,告诉出租车司机宾客的目的地,同时提供宾客大约的费用。如果酒店提供班车服务,代表要引导宾客乘坐班车前往酒店。

⑤在宾客离开机场前往酒店之前礼貌地向宾客告别并祝其一路平安,目送宾客离开。

⑥送别宾客离开机场前往酒店之后,机场代表回到接待台打电话回酒店,通知酒店行李部宾客的相关情况,包括所乘车辆的车型、车号、颜色、人数、行李件数及大概到达酒店的时间。

⑦接待人员还应该注意自身的言行,在机场积极宣传本酒店,为酒店争取客源,介绍更多客人光临本酒店。

（2）接待VIP客人。

①机场代表收到迎接VIP宾客的通知后，要立即联系酒店车队，确认准确的接待信息，包括车辆的车号、车型、颜色和司机的姓名，然后进行详细记录。

②到达机场后，机场代表在接机牌上清晰工整地写下宾客姓名，做好接待的准备。

③当VIP宾客的航班到达时，机场代表要站在明显的位置，手举接机牌，微笑着迎接宾客。一旦宾客通过出关，代表要主动走向他们，问候并协助搬运行李。

④机场代表要引导VIP宾客快速走向机场外的停车区，并为他们打开车门，协助其将行李放好。当宾客上车后，代表要礼貌地关上车门，然后向宾客道别并祝愿他们一路平安，目送宾客离开。

⑤回到服务台后，机场代表要打电话通知酒店客务经理或行李部经理有关VIP客人的情况，包括宾客的人数、出发时间、所乘车辆的车号、车型、颜色以及预计到达酒店的时间。

2.机场送客

①当宾客离店时，酒店行李部经理应立即打电话通知机场接待人员，说明离店宾客的车号、车型、颜色、人数、行李件数和大概到达时间。

②接待人员在机场外等候迎接宾客。

③当宾客到达机场时，接待人员上前为宾客打开车门，问候宾客，并帮助宾客提拿行李，护送宾客进机场。

④宾客安检前向宾客告别并祝其"旅途愉快""一路平安"。

⑤以上流程顺利完成后应打电话通知酒店行李部主管，宾客已安全离开。

⑥准确记录关于宾客此次旅程的全部信息。

（二）门童迎送宾客服务

酒店门厅迎送服务是一种亲自迎接和送行宾客的专业服务，通常由前厅迎接员负责执行。前厅迎接员也常被称为门童或迎宾员。他们是酒店代表，专门负责在酒店大门口欢迎和告别宾客的专业人员。

门童的工作不仅包括为宾客打开酒店的大门，还需要为宾客"打开城市的大门"。因此，门童不仅要了解酒店的情况，还要对城市本身有深刻的认知。如果宾客提出有关本地风物的问题，门童应以礼貌的方式提供详尽的答案。

（1）迎客服务。

①将宾客所乘车辆引领到适当的地方停车，以免酒店门前交通堵塞。

②宾客下车时用左手拉车门，右手护顶，主动问好，并表示欢迎。

③站在大厅内侧或大门的左右两边，当宾客走近大门2米左右时，为宾客提供拉门服

务，如果酒店装置自动门或转门则不必拉门。

④向宾客点头微笑，使用恰当的敬语欢迎前来的每一位宾客，协助行李员卸下行李，注意检查有无遗漏物品。

⑤招呼行李员引领宾客进入酒店大堂，准确记录下车牌号，以备宾客物品遗忘时到车上查找。

（2）送别服务。

①送别散客。当散客步行离店时，门童应向宾客道别，可根据具体情况说"稍后再见""再见"或"一路平安"等。对于乘车离开的散客，宾客离店时，门童要主动向车辆驾驶员示意。如有行李，还应帮助宾客打开车后盖装妥放稳。待宾客坐好后微笑道别，将车门轻轻关上，注意不要夹住宾客的衣、裙等，送别的方法与迎接宾客到达时相同，后退一步，向宾客挥手致意，目送宾客的车离去。

②送别团体宾客。送别团体宾客时，门童应站在车门一侧，一边向宾客微笑并问好，一边注意宾客的上车情况，如发现行动不便的宾客，应扶其上车。宾客上车完毕后，导游示意开车，门童应站在车的斜前方向宾客挥手道别，目送宾客离店，表示酒店对宾客光顾的感激。

除此之外，门童还负责前厅的一些其他工作，比如负责酒店大门的安全、保持对酒店大门周围的警戒、提供宾客的信息咨询服务、维护酒店大门周围的清洁，负责酒店的升降旗仪式等。

知识链接

VIP的来源

VIP是英语缩写，即"Very Important Person"，意为"非常重要的人"。这个术语的来源可以追溯到19世纪，最早的使用可以追溯到英国，最初是用来描述政府官员和高级官员。这些人通常享有特殊的待遇和特权，例如在公共场合和社交活动中被优先照顾。

"VIP"的来源

随着时间的推移，VIP扩展到其他领域，如商业、娱乐和服务行业。今天，VIP指的是那些在特定领域或社交圈子中被高度尊重和享有特殊待遇的人。他们可能是高级客户、名人、重要赞助商或在某种方式上对组织或企业有重要意义的人。

VIP的概念表明这些人因其地位、财富、社会地位或其他方面的特殊特征而与一般大众区别开来，因此他们通常可以享受到更好的服务、更高的关注和更多的特殊待遇。这个概念在酒店、航空业、夜总会、体育场馆等各种场合中被广泛使用，以吸引和满足高端客户或那些对特殊待遇感兴趣的人。VIP的待遇可以包括独特的座位、专用休息室、个人服务、快速通道和其他特殊权益。

二、接待

（一）办理入住登记

办理入住登记手续是前厅部对客服务全过程中的一个必要的、关键的环节，其工作效果将直接影响前厅部功能的发挥。不论酒店的规模和档次如何，客人要入住酒店，都必须办理入住登记手续。

1.办理入住登记的主要流程

（1）办理入住手续，签订住宿合约。

（2）遵守国家法律有关户籍管理规定。

（3）获取住客的个人有关资料。

（4）掌握住客结账付款方式以及赊账授权，保证客房销售收入。

2.入住登记表包含的信息

无论哪种形式的住宿登记表格，其内容一般都包括客人的姓名、性别、职业、国籍、有效证件及证件号码、永久性地址、抵离时间、房号、房价、付款方式、客人与接待员的签名、有关酒店责任的声明等内容。

3.入住登记的准备工作

（1）准确地显示和控制房态。

（2）了解即将到店客人的一些基本信息，如客人姓名、客房需求、房价、离店日期、特殊要求等。

（3）宾客档案。

宾客档案又称客史档案，是高星级酒店常备的记录客人信息的档案。通过客史档案，酒店可以在客人抵店前做好充分准备，确保客人有一个愉快舒适的入住体验。

例如，可以把宾客分为特殊客人（主要指长期住宿客人，以及需要额外关怀的年长、体弱、病患、残疾等客人）、重要客人（即VIP，包括政府官员、文化界名人、酒店界知名人士等）、公司客人（指大公司、大企业的高级管理人员，旅行社、旅游公司职员和新闻媒体从业人员等）、黑名单（指酒店不欢迎的人员名单，其中包括公安部门通缉的犯罪嫌疑人、当地酒店协会成员记录的违规人员、前台副理的相关记录人员、财务部门通报的拒付客人以及信用卡黑名单等）等，方便进行入住接待和登记。

（二）入住接待

根据我国法律，禁止向未成年人提供酒店入住服务。根据相关法规，酒店在接待入住时需要对客人的身份进行验证，并确保所有入住人员达到法定年龄。此外，酒店也有责任保障客人的安全和隐私，在提供服务的过程中严禁侵犯客人的合法权益。如果发现酒店存在违法行为或客人遇到问题，应及时向当地相关部门（如派出所等）报案并寻求帮助。

入住接待的流程如下所示。

1.识别客人有无预订

到达酒店的客人可以分为两类：已预订客房的客人和未预订直接抵达酒店的客人。接待员应该首先确认客人是否已预订，如果客人已经预订了房间，接待员应复述客人的预订要求，并询问客人确认后出示有效证件，填写临时住宿登记表。如果客人没有预订而直接抵达酒店，接待员需要了解客人的住宿需求，然后向客人推荐可用的客房选项。

2.根据客人需要介绍房间

对于未办理预订手续而直接抵达酒店的客人，接待员则应首先询问客人的住店天数、客房类型等住宿要求，同时查看当天的客房预订状况及可售客房的情况，再根据客人的需求介绍客房的情况以及酒店的其他设施及服务项目。

3.入住登记

对于已经办理预订手续的贵宾或者常客，客人来办理手续时出示有效证件，待查验确认后即可办理入住。

对于未提前办理预订手续而直接到酒店办理入住的客人，前台接待员需要热情而耐心地推销客房，并为客人办理好订房和入住手续。

4.确定房价

在定价时，依据酒店有关房价的相关政策及规定，可以将价格在一定范围内浮动，但要经过有关管理人员的同意与批准。房价确定后注意和客人沟通，得到客人的确认。

5.确定付款方式

接待员在为客人办理入住登记手续时，应了解客人的付款方式。确定付款方式的目的主要是确定客人和酒店的信用关系，确保酒店的利益不受损害。另外，不同的付款方式所享受的信用限额也是不同的。客人常用的付款方式一般有：现金支付、支付宝和微信等线上收银平台支付、信用卡支付、转账支付、支票支付、有价定房凭证、他人代付等。

6.完成入住登记手续

（1）接待员在完成以上工作后，会填写房卡并交给客人。房卡也被称为欢迎卡、钥匙卡或酒店护照，它不仅用于证实客人身份，还兼具促销、向导和说明的功能。通常情况下，房卡会在客人抵店前或入住时由接待员填写。不同酒店的房卡样式可能有所不同，折页式房卡除了包含总经理的欢迎词、客人姓名、房号和有效期等信息外，还可能印有酒店的服务设施、位置、服务时间和会客须知等相关内容，起到服务指南和推销的作用。

（2）接待员会将客房钥匙交给客人，并介绍客房所在楼层、房号、电梯和餐厅等相关信息。

（3）检查钥匙架上是否有客人的邮件和留言。

（4）安排行李员引领客人到房间并搬运行李。

（5）向客人道别，并表达祝福。

7.制作客人账户与信息处理

（1）客人完成入住登记手续后，接待员会及时将客人的入住信息通知客房部，以便客房服务员做好接待准备工作。

（2）接待员会将住宿登记表中的相关内容输入电脑，并对填写好的表格和资料进行分类存档，以建立客史档案。

（3）如果酒店没有使用电脑系统，接待员会制作客房状况卡条，并插入客房状况显示架。对于已办理预订且没有修改要求的客人，接待员可以直接在预订卡条上标明房号等相关内容作为客房状况卡条使用。对于未办理预订、直接抵店或要求修改预订内容的客人，接待员还会制作额外的客房状况卡条。每张卡条代表一间客房，如果客人使用两间以上客房，接待员会按房号分别制作卡条，并尽快将其他联的卡条送往相关部门或岗位，如礼宾部、总机、餐饮部、客房部等。现在，许多酒店采用了无碳复写技术，将客人入住登记、户籍、账单、其他部门任务通知单等多种表格综合为一体，并与电脑系统、打印设备联动，以便一次完成制作表格的过程，减少程序、缩短时间，提升入住接待服务质量和服务效率。

（4）处理好以上流程后，在预期抵店客人名单中注明该订单的客人已经入住。

（5）最后要做好客人账单。在印制好的账单上打印客人姓名、抵店日期、结账（离店）日期、房号、房间类型和价格等信息，然后将账单（一式两联）、入住登记表（账务联）和信用卡签购单一起交给前台收款员进行保存。

对于使用转账方式结账的客人，酒店通常需要制作两份账单。一份（A单）记录应由签约单位支付的款项（如房费和餐费等，已在合同、预订单和登记表中标明范围），作为向签约单位收款的证明。另一份（B单）则记录客人自付的款项。

知识链接

护照及签证种类

1. 护照

护照是一种国际旅行证件，可用于证明所持有人的身份、国籍和身份。根据发行国和用途不同，护照可以分为很多种类。下面是一些常见的护照和签证种类。

普通护照：普通护照是一种发给普通公民的护照，常用于出国旅行和劳务输出。

公务护照：公务护照是一种发给政府官员和公务人员的护照，用于公务旅行。

外交护照：外交护照是一种发给外交官和外交家属的护照，用于国际外交和特殊旅行。

旅行证件：旅行证件是一种因护照丢失、损毁、过期等原因而需临时办理的、可替代护照的旅行证件。

临时护照：临时护照是一种因紧急情况而需要临时办理的护照，有效期比较短。

2. 签证

签证是进入某个国家或地区的许可证，分为通行签证和停留签证。根据签证发放国家的不同，签证种类也有所不同。

旅游签证：通行签证，适用于前往其他国家进行旅游或探亲等私人活动。

商务签证：通行签证，适用于前往其他国家进行商务活动，如商务洽谈、会议出席、考察等。

学生签证：适用于赴其他国家学习或进修的学生。

工作签证：停留签证，适用于前往其他国家工作的人员，一般需要被雇佣或受聘。

除了上述类型，还有一些针对特定群体的签证，如艺术家签证、宗教签证等。需要申请护照或签证时，建议根据具体情况进行选择和申请。

任务实训

【实训项目】模拟迎送客人服务。

【实训目标】通过迎送客人服务项目的实训，学生要了解酒店机场代表服务和门童迎送客人服务的相关知识，掌握酒店迎送客人服务的程序与标准。

【实训时间】3学时。

【实训步骤】

1. 教师按照机场迎送和酒店前厅门童迎送两种情况事先设计好训练内容。

2. 两名学生为一组进行角色扮演，其中一人扮演酒店前厅工作人员，一人扮演客人，教师先示范讲解实训规则和方式，然后由学生进行迎送客人实训操作。

3.时间充足的情况下学生可互换角色,再进行一次步骤2的实训内容。
4.教师参与过程指导,最后根据学生操作过程中存在的问题进行点评。

【实训标准】

实训形式	以学生操作和教师的指导点评为主
角色分工	教师作为引导者负责实训的过程指导,学生分别扮演前厅工作人员和酒店客人
实训重点	1.学生要将自己代入到角色中,在实训过程中要注意牢记自己的角色。 2.学生在实训过程中要熟记所接待的宾客类型,是团体客人还是散客,是VIP客人还是普通客人,尽量真实模拟。 3.教师最后需要就本次实践进行总体的点评和总结。 4.实训结束后,作为"客人"的角色可以就"前厅工作人员"的服务情况给予点评,提出建议

接取行李

任务二 行李服务流程

接取行李是由行李部的工作人员来完成,行李部工作区域在大堂一侧的礼宾部,其主要职责是欢迎宾客,协助宾客完成行李的运输和寄存等工作。行李员是酒店与宾客之间联系的桥梁,他们的工作可以体现酒店的服务是否热情与周到。那么,行李服务有哪些要点需要注意呢?请思考并讨论。

一、散客行李服务

行李服务遵循"宾客至上、服务第一"的宗旨,为宾客提供迅速、准确、周到的服务。行李员要仪表整洁,注意个人卫生,面带笑容,保持个人的职业形象;同时,也要掌握酒店当日客房状态、餐饮情况以及其他有关信息,为自己的服务做好准备。

(一)散客住店行李服务

(1)行李员主动迎接抵达酒店的宾客,为宾客打开车门,并亲切地问候。接着,行李员从出租车内取出宾客的行李(如果有易碎或贵重物品,需小心搬运),并请宾客确认行李件数,以免遗漏。

（2）迅速引导宾客进入酒店，前往前台进行入住登记。

（3）宾客办理完入住登记手续后，行李员会从接待员手中接过客房钥匙，并清晰地在行李牌上登记房间号码，随后迅速将行李送入房间。

（4）到达房间后，行李员会将行李放在房门外左侧，简短地向宾客介绍紧急出口和宾客房间在酒店内的位置。然后，行李员会为宾客打开房门，介绍电源开关，并将钥匙插入开关插槽。请宾客先进入房间，行李员随后将行李放在行李架上，帮助宾客把脱下的外衣及需挂放的物品挂入壁柜内，并打开或拉上窗帘。同时，向宾客介绍电视、电话的使用方法，店内各主要服务部门的电话号码及空调、床头灯开关等电器设备设施；向宾客介绍卫生间内设施，提醒宾客注意电源的使用；向宾客介绍店内的洗衣服务。介绍完毕，把房卡归还宾客，并询问宾客是否还有其他要求，最后祝愿宾客入住愉快。

（5）做好以上工作后，回到行李台做好登记，记录客人的房号、行李件数、抵店和预离时间等。

（二）散客离店行李服务

（1）当宾客即将离店打电话要求收取行李时，行李员需问清楚宾客房间号码、行李件数和收取行李时间。行李员在散客离店登记单上填写房间号码、时间、行李件数，并根据房间号码迅速去取宾客行李。

（2）在3分钟之内到达宾客房间，轻敲三下告知宾客"行李服务"；待宾客开门后，向宾客问候，和宾客一起确认行李件数，并帮助宾客检查是否有遗留物品，如发现直接还给宾客或交给行李部经理。

（3）行李员把宾客行李放置在行李台旁边，站在一旁等候宾客。

（4）确认宾客已付清全部房费，办理完离店手续后，引导宾客出店，帮助宾客将行李放入车内。

（5）为宾客打开车门，请宾客上车，向宾客礼貌告别："欢迎您下次再来。"

（6）待送完宾客后，回到行李台登记房号、行李件数、时间。

二、团队行李服务

（一）团队行李到店服务

（1）当团队的行李送到酒店时，领班会与团队行李员确认行李件数和团队人数，并要求团队行李员在团队登记表上登记姓名和行李车牌号。领班会指派行李员卸下所有行李，并进行清点，检查是否有破损情况。如果发现损坏，需要请团队行李人员签字确认，并通知团队陪同和领队。行李会被整齐地放置，并全部系上酒店的行李牌，同时用网子罩住，以防丢失或错拿。

（2）根据前台或领队分配的房间号码，行李员会将行李进行分拣，并清晰地在行李牌上写上对应的房间号码。行李员会与前台的团队分房处联系，确认分配的房间是否有变动，如果有变动，会及时更改。

（3）已知房间号码的行李会及时送至相应房间。如果遇到行李卡丢失的情况，需要领队帮助确认。进入楼层后，行李员会将行李放在房门左侧，并轻轻敲门三下。当宾客开门后，行李员会主动向宾客问好，将房门固定后，将行李送入房间内，待宾客确认后才离开。如果宾客没有拿到行李，行李员会委婉地让宾客稍候，并及时向领班报告。对于破损或无人认领的行李，需要及时与领队或陪同取得联系，以便及时解决。

（4）送完行李后，行李员会准确地在团队入店登记单上记录每间房间的行李件数。如果行李是直接送入房间的，会在备注中明确标注，并核对总数是否与刚入店时一致。

（5）最后，根据团队入店登记单上的时间，行李员会进行存档。

（二）团队行李离店服务

（1）仔细检查前台送来的团队退房单，并与团队在入住时填写的行李接送登记表进行核对，必要时重新填写新表格。

（2）根据团号、团名和房间号码前往楼层收取行李，与宾客确认行李件数。如果宾客不在房间，需要检查行李牌号和姓名。如果宾客不在房间且行李未放在房间外，行李员应立即向领班报告以解决问题。行李员根据领班指示的位置摆放行李，并确保行李被妥善罩好，以防丢失。

（3）统计实际行李件数是否与登记数一致。领班与陪同或领队一起确认件数无误后，请他们在团队退房单上签字。

（4）领班询问团队行李员所取行李的团号和团名。在团队行李员确认行李件数无误后，请他们在团队退房单上签上姓名和车牌号。只有在收到前台发放的行李放行卡后，团队才可以离开。

（5）领班将团队离店登记单存档。

> **任务实训**
>
> 【实训项目】模拟散客行李服务。
>
> 【实训目标】通过行李服务实训，学生要了解酒店行李服务的基本常识，学习并掌握散客抵店和离店时行李搬运的操作程序、方法及要点。

【实训时间】2学时。

【实训步骤】

1.教师根据散客抵店和离店两种不同情况设计好训练内容。

先由教师讲解示范，然后学生按程序进行操作练习，学生观察互相点评，教师补充纠正。

2.两名学生为一组进行角色扮演，其中一人扮演酒店前厅工作人员，一人扮演散客，教师示范讲解实训规则和方式，然后由学生进行行李服务实训操作。

3.时间充足的情况下学生可互换角色，再进行一次步骤2的实训内容。

4.教师参与过程指导，最后根据学生操作过程中存在的问题进行点评。

【实训标准】

实训形式	以学生操作和教师的指导点评为主
角色分工	教师作为引导者负责实训的过程指导，学生分别扮演前厅工作人员和散客
实训重点	1.学生要将自己代入到角色中，在实训过程中要注意牢记自己的角色。 2.学生在实训过程中遇到不懂的步骤要及时请教老师。 3.教师最后需要就本次实践进行总体的点评和总结。 4.实训结束后，作为"散客"的角色可以就"前厅工作人员"的服务情况给予点评，并提出建议

办理排房和入住

任务三　排房入住办理

与迎送宾客和行李服务一样，为客人办理排房和入住也是酒店个性化宾客服务中最能体现酒店服务质量与水平的工作之一，在这个过程中不仅需要前台保持积极、热情的工作态度，还需要保证办理流程快捷方便，以提高效率，赢得好感。那么，办理排房和入住有哪些关键步骤和注意事项呢？请思考并讨论。

一、排房

排房是酒店行业中的一个流程，它涉及根据客人的预订要求和酒店的可用房间情况，为客人分配适合的房间的过程。在酒店准备迎接客人入住时，前台或接待部门的工作人员会根据客人的要求和酒店的房间资源进行排房操作。

排房过程始于了解客人的需求。工作人员会确认客人的预订信息，包括入住日期、离店日期、房型要求（如单人间、双人间、套房等）以及其他特殊需求。

基于客人的需求和酒店的房型配置，工作人员将根据可用房间的情况为客人提供合适的房型选择。一旦房型选择确定，工作人员会为客人分配一个符合要求的空房间并记录房间号码存档。

二、办理排房和入住的流程

（一）预订确认

酒店前台人员在客人预订酒店时，核实预订信息，包括入住日期、离店日期、房型、房价等。

（二）房型选择

根据客人的需求和可用房间情况，前台人员为客人提供可选择的房型。他们需要详细询问客人的偏好，如床型、楼层位置等，以满足客人的要求。

（三）入住登记

前台人员需要填写入住登记表格，记录客人的详细信息，并要求客人提供有效的身份证明文件。前台人员根据客人提供的信息核实客人的身份，并收集必要的支付或押金信息。

（四）房卡发放

办理完入住手续后，为客人发放房卡，需要详细告知客人房卡的使用方法和其他相关信息。

（五）提供相关信息和服务

前台人员应该根据需要向客人提供有关酒店设施、服务和入住规则的信息。认真回答客人的问题，并提供协助和建议。

三、办理排房和入住的注意事项

（一）保护客人隐私

确保在处理客人信息时，遵守相关的隐私法规和政策。保护客人的个人信息安全，并且只在必要的情况下使用这些信息。

（二）准确记录信息

在客人办理入住登记时，确保准确地记录客人的姓名、联系方式和房间号码等信息。这些信息对于后续的服务和管理非常重要。

（三）提前做好房间准备

在客人入住之前，确保房间已经进行了彻底的清洁，并配备了必要的设施和用品。确保床单、毛巾等物品的清洁和完整性；确保房间内的设施、家具和电器等都处于正常工作状态。如有问题，及时修复或更换。

（四）沟通与解释

与客人沟通入住的相关事项，如退房时间、早餐安排、Wi-Fi密码等。解释酒店政策，如取消政策、额外费用等，以避免误解和纠纷。

（五）解决问题和投诉

向客人提供有关酒店安全措施和紧急情况的说明，如逃生通道、灭火器的位置等；如果客人在入住期间遇到问题或有投诉，及时回应并尽力解决。提供良好的客户服务，以确保客人满意并留下良好的印象。

（六）保持礼貌和专业

在为客人办理入住时，保持礼貌、友好和专业，提供良好的服务和帮助。

任务实训

【实训项目】办理入住。

【实训目标】通过办理入住实训，学生要了解酒店办理入住的基本操作和注意事项，掌握办理入住的操作要点及难点。

【实训时间】2学时。

【实训步骤】

1.教师预先设计好办理入住的主要信息，包括入住时间、房号、房间数等内容。

2.两名学生为一组进行角色扮演，一人扮演前台工作人员，一人扮演客人，为客人办理入住。

3.学生互换角色，再进行一次步骤2的实训内容。

4.教师参与过程指导，最后根据学生操作过程中存在的问题进行点评。

【实训标准】

实训形式	以学生实训操作和教师的指导点评为主
角色分工	教师作为引导者负责实训的过程指导，学生分别扮演前台工作人员和散客
实训重点	1.学生要将自己代入到角色中，在实训过程中要注意牢记自己的角色。 2.学生在实训过程中遇到不懂的步骤要及时请教老师。 3.教师最后需要就本次实践进行总体的点评和总结。 4.实训结束后，作为"客人"的学生可以就"前台工作人员"的服务情况给予点评，并提出建议

处理其他前厅服务

任务四　前厅其他服务

在酒店前厅工作中，除了迎送宾客、接取行李、为客人办理排房和入住外，还会涉及其他的一些个性化宾客服务。例如，在酒店前厅工作中，不出纰漏地收取房费和核对账务就是比较重要的环节，做好前厅的各项账务工作可以确保酒店的财务准确性，提高客人的满意度，并为酒店的长期发展奠定基础。

那么，酒店还有哪些前厅服务呢？请思考并与老师、同学讨论。

一、收取房费，核对账务

在酒店前厅工作中，收取房费和核对账务是至关重要的环节。一般来说，在客人完成订单支付前，前台工作人员需要让客人核对订单及金额信息，确认信息无误后再进行支付，必要时可以让客人签字确认订单信息。同时，前台工作人员将提供收据或发票，作为支付的有效凭证，交予客人。在客人办理退房手续时，前台工作人员还会再次核对房费以及其他费用，并完成最终的账务结算。通过这一系列步骤，酒店前台工作人员能够确保客人支付的房费准确无误，并及时更新酒店的财务记录。这不仅有助于维护酒店的正常财务运作，还能够为客人和酒店管理层提供准确的账务信息。

在酒店，收取房费、核对账务的工作一般是由前厅收银处来负责，前厅收银处因为其业务性质，通常隶属于酒店财务部门。前厅收银处负责处理所有住客的账目，为客人寄存和保管贵重物品，为客人办理外币兑换业务等。

（一）前厅收银处工作流程

（1）提前几分钟到工作岗位，进行交接班，阅读交接班登记簿并在上面签名。

（2）详细了解上一班客人的开房情况和交费情况。

（3）详细了解上一班VIP客人的住房情况和交费情况。

（4）当客人来到前台结账或支付房费时，前厅收银员首先要用友好的态度和微笑迎接他们，以营造愉快的入住和结账体验。

（5）请客人提供预订姓名、房间号码或其他身份验证信息，以确认客人的身份和入住信息。

（6）根据客人的入住信息，收银员会计算房费，包括房价、税款和可能的额外费用，如停车费或电话费；详细说明计算得出的费用，确保客人明白各个费用的来源和金额。

（7）根据客人选择的支付方式，处理交易，包括刷卡、收取现金、输入支付信息等；一旦支付完成，收银员会生成一份收据或发票，作为客人支付的凭证。这些文档通常包括日期、支付金额、项目明细等信息。

（8）在客人离开前台之前，与客人核对其支付的金额，确保与应付金额一致。如果有找零，也需要正确计算和交付。

（9）如果客人有其他问题或需求，收银员需要热情地提供帮助。

（10）将交易信息记录在酒店的财务系统中，以便及时更新账务信息和保持准确的财务记录；如果需要支付押金或提供担保，收银员要引导客人完成相关流程。

（11）保持前台整洁，确保工作区域井然有序，以提供专业和整洁的服务。

（12）在下班之前清理工作环境的卫生，确保此班工作的账目等信息记录完整，相关表单完整无误，然后交班。

知识链接

常见的结账方式

根据客人性质的不同,结账方式又可分为团队结账和散客结账。

一、团队结账注意事项

(1)在团队结账之前半小时做好相关的准备工作,将团队账目复查一遍,确认是否均按相关要求入账,区分总账和分账。

(2)团队结账时,应该主动、热情问好,请领队协助收回全部钥匙。

(3)由领队确认账单,请其在总账上签名。分账分别由各消费客人确认并签名认可。

(4)付账时,根据团队和酒店的合作协议,进行现金或挂账处理。收银员应保证在任何情况下,不得将团队房价泄露给客人,如客人要求自付房费,应按照当日门市价收取。

(5)结账结束后,收银员应向客人表示感谢,欢迎客人再次光临,并祝其旅途愉快。

二、散客结账注意事项

(1)收银员根据每日的客人离店预报表事先做好准备工作。将客人的总账单及所有附件如赊欠凭据单、信用卡签单等与客人的房号、姓名进行核对。

(2)客人离店结账时,收银员应主动问好,礼貌地询问客人的姓名、房号。向客人收回客房钥匙,若客人因故暂时不想交出钥匙,要通知楼层服务员,以便他们在客人退房时向客人收回钥匙。

(3)通知楼层服务员检查客房,看有无东西损坏、物品是否齐全等。

(4)确认客人是否有最新消费,在电脑中查找并询问其本人,要确保客人的所有消费项目都已入账。

(5)将客人的综合消费账单用电脑打出,请客人检查,确认之后请其付款、结账。

(6)结账结束后,收银员应向客人表示感谢,欢迎客人再次光临,并祝其旅途愉快。

(7)做好相关收尾工作,及时更新客人离店的信息,相应更正客房状态。

(二)前台收银处的管理

1.安全管理

(1)对开启保险柜的密码及钥匙要制定严格的开户手续,并遵照执行。

(2)收银处的备用周转金不能超过银行规定的限额。现金不能在收银处存放过夜,应按照财务制度的规定将当日所收现金存放到保险箱内。

(3)当客人用信用卡结账时,收银员要仔细检查卡的真伪及有效期,若有疑点要立即报告上级及保安部门。

2.超额消费管理

（1）酒店的催收工作由收银处负责处理，收银人员要按照催款工作的有关原则与规定及时对超额消费客人的费用进行催收。

（2）在催收过程中，应保持与保安部门的密切联系，及时向其提供有关信息，以便在必要时获得保安部门的帮助，共同做好催收工作。

（3）在催收过程中，收银处应根据实际情况进行灵活处理，如可扣押客人证件或其他较为贵重的物品，到催收结束之后再予以归还。

3.防止客人逃账

为保护酒店利益不受损害，收银员应掌握防止客人逃账的技术。

（1）收取预订金：前台收银员应坚持要求客人支付预订金（或者押金）。这一措施一方面可以约束客人，防止其随意取消预订；另一方面，预订金可以在客人入住时作为预付款使用，避免客人逃账。如果客人不愿支付预订金，前台收银员应耐心解释其重要性。有些酒店也会在客人入住之前收取部分押金（保证金），在客人退房时再归还。

（2）收取预付款：前台收银员应根据客人的情况，有选择地收取预付款。对于常客、提前预订的客人或团体客人，可以豁免预付款；但对于首次光顾酒店、未提前预订、信用记录不明或差的客人，前台收银员应要求他们支付预付款。

（3）提前授权信用卡：对于持有信用卡的客人，前台收银员应提前向银行要求授权。这可以提高客人的信用卡使用额度。如果授权被拒绝，前台收银员应要求客人支付超出信用卡授权额度的部分现金。

（4）监测异常行为：前台收银员应敏锐观察客人的异常行为，特别是突然的大额消费，这可能表明客人有逃账的意图。对于可疑客人，前台收银员应加强催收，确保账款得到清偿。

这些措施有助于确保酒店不受客人逃账的损害，并维护酒店的财务健康。前台收银员的专业和警惕性在这方面起到了关键作用。

二、贵重物品保管和外币兑换

（一）贵重物品的保管

为了保证客人财物的安全，酒店一般都在前台的收银处设有贵重物品保险箱。客人如果需要使用，酒店可划定某保险箱在客人住店期间归其使用。贵重物品保险箱是酒店为客人提供临时存放贵重物品的一种专门设备。该设备由一组小保险箱或保险盒组成，数量通常按酒店客房数的 15%～20% 来配备。目前大致分为两种。一种是酒店在前厅收款处或附近的一间僻静的房间内配备，每个箱子都备有两把钥匙。一把为总钥匙，由前厅收款员负责保管；另一把由客人亲自保管。另一种是酒店在客房内配备的一种小型保险箱，供客人存放贵重物品。保险箱的使用关系到客人财产、重要证件和资料的安全，酒店对客用保险箱使用有严格的规定。

一些酒店可能会对贵重物品保管服务收取额外费用，也有一些酒店可能将其作为免费服务提供。客人在办理入住手续时应询问相关费用。

通常，客人需要填写并签署声明，详细说明他们存放的物品以及物品的估值。这有助于确保物品的安全，并明确双方的责任。

酒店一般会提供安全的存储设施和人力，包括保险柜、监控摄像头和训练有素的员工，以确保贵重物品的安全。

客人通常会收到一份存储凭证，其中包含存放物品的详细信息。这个凭证需要在客人取回物品时出示。

客人可以在需要的时候随时取回存放的物品。他们需要出示存储凭证，同时酒店员工会协助他们取回物品。

（二）外币兑换

酒店作为中国银行代办外币兑换的机构，一般由设在总台的外币兑换处具体负责该项业务。

1.可兑换外币现钞种类及名称

目前，中国银行收兑的币种主要有欧元、英镑、美元、瑞士法郎、新加坡元、瑞典克朗、丹麦克朗、挪威克朗、日元、加拿大元、澳大利亚元、菲律宾比索、泰铢等多种外国货币，以及港币、新台币、澳门元。各个外汇指定银行的外汇牌价都是根据国家外汇管理局公布的人民币基准汇率，包括美元、欧元、日元和港币兑人民币的中间价，套算出其他各个币种兑人民币的牌价。

2.外币兑换服务程序

外币兑换服务是酒店提供的一项重要服务，可以方便国际旅客在目的地兑换所需的外币。下面是一般的外币兑换服务程序。

（1）客人需求确认：当客人表示需要兑换外币时，前台工作人员应向客人确认他们的需求。这可能包括询问客人需要兑换的货币种类和金额。

（2）提供信息：前台工作人员会向客人提供关于外币兑换服务的信息，包括当前汇率、任何兑换费用、操作时间和位置。

（3）确定汇率：前台工作人员会确定当前的汇率，通常根据国际汇率市场的情况进行调整。客人会被告知兑换的实际汇率。

（4）填写相关表格：客人需要填写外币兑换申请表格，提供个人信息和兑换金额。酒店通常要求客人提供身份证明，如护照或身份证。

（5）兑换外币：客人将本国货币交给前台工作人员，并在根据汇率计算的金额上获得所需的外币。客人也可以选择将外币兑换成本国货币，具体取决于酒店提供的服务。

（6）提供兑换凭证：客人会收到一张兑换凭证，上面包含了兑换的详细信息，如金额、汇率和日期。酒店要提醒客人妥善保管这张凭证。

（7）结算费用：如果酒店对外币兑换服务收取费用，客人需要在办理结账时支付相关费用。

（8）提供找零：酒店通常会提供找零服务，以便客人可以得到所需面额的外币。

知识链接

境外旅游外币兑换小贴士

1.兑换外币地方多，哪儿最实惠？

国内银行兑换外币汇率最划算。国内国外机场、兑换点或是ATM机换取外币，都多多少少会有汇率差。所以说如果时间充分，就先提前在银行换好。建议不要直接上门去银行换，要提前打电话询问清楚，特别是一些不太常用的币种。

出境旅游外币兑换小贴士

2.兑换外币不宜多，兑多少合适？

在国外，很多时候购物会以刷卡为主，现金一般用来支付交通、吃饭等琐碎生活费用，因此建议少换些外币，一般兑换3 000元人民币的等值外币即可。因为外币没有用完，将造成不必要的经济损失。另外，中国海关规定，每人可以携带不超过2万元人民币或5 000美元的等值外币出境。如果超过限额，必须在出境前向中国海关申报。

3.兑换时间如何把握，什么时候换？

换汇时间主要依据所换外币汇率的涨跌趋势。目前，人民币处于升值通道，因此不建议提前很长时间兑换，在出行前一两周兑换最为合适。

4.小币种国内兑换该怎么办？

如果要兑换的是小币种，在国内银行无法直接兑换，这时候可以先将人民币兑换成美元，再去当地兑换成当地币种。

> **5.国外兑换外币方式先了解**
> 在国内未事先换好货币或兑换外币不够用时，还可以选择到达目标国后再换。国外机场、酒店、外币兑换点、银行、部分柜员机都能兑换或提取当地货币，只是汇率上差别很大。
>
> **6.外币兑换点**
> 兑换点遍布在市中心各街道、商场和繁华地区，营业时间较长，有些是24小时，兑换起来非常方便。
>
> **7.ATM**
> 国外ATM取现汇，手续费不会太高，银行一般都会控制在一个合理范围内。
>
> **8.机场、酒店**
> 机场、酒店兑换汇率都不会很低，还可能收取高额手续费。

（三）旅行支票

旅行支票是银行或大型旅行社专门向国外旅游者发行的一种定额支票，旅游者购买这种支票后，可在发行银行的国外分支机构或代理机构凭票付款。旅游者在购买支票时，需要当面在出票机构签字，作为预留印鉴。旅游者在支取支票时，还必须在付款机构当面签字，以便收银员与预留印鉴核对，避免冒领。

旅行支票的可用性和流行程度在各国不同，因此在兑换之前最好确认目的地的政策。旅行支票通常被认为是一种安全的支付方式，因为它可以在遗失或被盗的情况下补发，但一些地方可能对兑换收取费用。客人应在办理兑换时了解相关政策和费用。

三、夜间审核

夜间审核是酒店管理中的一项重要日常任务，又叫夜审。通常在晚上或深夜进行。这个过程涉及检查酒店的财务记录、客户账户和其他重要数据，以确保一天的交易和活动都得以正确记录和结算。通常情况下，酒店的夜间审核工作由夜班前台工作人员负责。

夜间审核的主要目的是确保酒店财务记录的准确性和完整性。在夜间，客人可能会进行结账退房，支付房费和其他费用。夜间审核工作人员会核对客人的支付金额，确保与应付金额一致。他们还会核对客人的账单和其他费用，确保没有遗漏或错误。

夜间审核还包括对酒店的日常收支进行审核和核对，例如检查当天的收入、支出和银行存款等。这有助于确保酒店的财务运作正常，并及时发现和纠正任何错误或异常情况。

夜间审核对酒店的财务管理非常重要。它确保了账务记录的准确性，避免了财务上的错误和遗漏。同时，夜间审核还提供了酒店财务状况的实时审核和记录，为酒店管理层做出决策和规划提供了重要的依据。夜间审核工作人员需具有发现错弊、查找根源的能力，以及一丝不苟的工作态度。夜间审核的账目可以分为三个部分：客房收入、餐饮收入和康乐收入。

（一）客房收入的夜间审核

1.检查前厅收银员的报表和账单

（1）核对前厅收银员提交的客房收银出纳报表与电脑记录，如有不符之处，记录原因并在交班本上详细说明。

（2）对比前厅收银账单中附有账单等单据的份数与前厅收银系统中的客房入账报表，如有不符之处，逐一核对并记录未交和缺失账单的收银员姓名和详情，以供次日主管人员审阅调查。

2.核对每张账单

（1）对前厅收银员提交的账单进行分类汇总，并与客房收银出纳报表核对金额是否相符。

（2）检查入住和离店时间，确认房租是否正确计算，是否已收取应收的半天或全天房租，以及是否有规定的批准手续免收半天或全天房租。

（3）检查结账单后附带的单据是否完整，如有押金单缺失，需注明原因，并在交班本上登记未退款的详情，以供日审检查。

（4）核对临时入住登记单和押金单是否与前厅收银结账单明细相符（如房号、房价等），确认临时入住登记单后记录的消费是否已输入电脑，押金单号和金额是否与预收订金一致，最后检查签字手续是否齐全。

（5）检查房价是否合理，是否有人签字进行调整，以及房价由高调低的手续是否完整。

（6）核对挂账和招待账单是否有客人和授权人签字（挂账账单签字是否为协议单位授权人），检查协议房价是否准确，并确认是否有协议单位授权的人员签字。

（7）检查会员卡结账是否有卡号的拓印，是否有会员签字，确认拓印的卡号与结账卡号是否一致。

（8）核对所有的收入调减是否合理，是否有授权人签名，检查消费、赔偿等收费是否符合酒店规定的标准。

（9）对有问题的账单进行标记，并在交班本上登记，将所有账单按结账方式分类归集装订。

（10）统计消费卡和招待消费品项，待编制营业收入报表时进行冲减。

3.审核迷你吧和商场销售

（1）检查迷你吧和商场酒水单的印章、房号、签章等手续是否齐全。

（2）对比迷你吧和商场酒水单的各个品项汇总数与迷你吧和商场控制平衡表显示的数额是否一致，如不一致，查明原因后进行实际数核定，并在更改处签章。

（3）逐一核对迷你吧和商场酒水单与电脑记录，确认计价是否正确，数量是否相符，如有问题，及时查明原因并在交班本上记录，交由日审处理。

（二）餐饮收入的夜间审核

1.检查餐饮收银员的报表和账单

（1）核对所有出勤的餐饮收银员是否已提交收银报表及账单。

（2）将前厅收银员提交的收款单与电脑记录核对，如有不符，查明原因并记录在交班本上。

（3）对比餐饮收银账单中附有账单等单据的份数与餐饮收银系统中的结账报告单，如有不符，逐一核对并记录未交和缺失账单的收银员姓名和详情，以供次日主管人员审阅调查。

2.核对每张账单

（1）将餐饮收银员提交的账单进行分类汇总，并与收款单核对金额是否相符。

（2）核查消费、赔偿等收费是否符合酒店规定的标准。

（3）检查结账单后附带的单据（如酒水单、餐厅多用单、餐厅消费单、套餐菜单等），确认消费品项、数量、金额与结账单是否一致，并检查是否标明斤两、数量，是否与结账单一致。

（4）核对结账单后附带的餐厅多用单、餐厅消费单与后厨餐厅多用单、餐厅消费单是否一致。

（5）核对结账单后附带的会议、宴会通知单应收款项与结账单是否相符。

（6）核对所有的收款调减是否合理，退单是否有授权人签字，并检查理由是否充分。

（7）核对打折权限是否准确，如餐饮部经理有全单9折权限、餐饮部总监有全单6折权限。

（8）核对挂账、招待是否有客人与授权人签字，确认挂账账单签字是否为协议单位授权人。

（9）核对会员卡结账是否拓印卡号，是否有会员签字，确认拓印的卡号与结账卡号是否一致。

（10）对有问题的账单进行标记，并在交班本上登记，将所有账单按结账方式分类归集。

（11）统计消费卡、招待消费品项，待编制营业收入报表时进行冲减。

（三）康乐收入的夜间审核

1.核查康乐收银员的报表和账单

（1）确认所有出勤的康乐收银员是否已提交收银报表及账单。

（2）将康乐收银员提交的收入交款单与电脑记录核对，如不符，查明原因并将详情记录在交班本上。

（3）核对康乐收银账单中附有账单等单据的份数与康乐收银系统中的收入交款单是否相符，如有不符，逐一核对并将未交和缺失账单的收银员姓名和详情记录在交班本上，以供次日主管人员审阅调查。

2.核对每个康乐收银员提交的每张账单

（1）将康乐收银员提交的账单进行分类汇总，并与收入交款单核对金额是否相符。

（2）检查洗浴、游泳门票是否剪票，是否过期，如延期使用是否有权限领导已签字。

（3）核对会员卡结账是否拓印卡号，是否有会员签字，确认拓印的卡号与结账卡号是否一致。

（4）核查挂账、招待是否有客人与授权人签字，确认挂账账单签字是否为协议单位授权人。

（5）检查积分卡、游泳卡和各种门票使用权限，是否使用其结算除浴资外的其他消费。

（6）检查免单人员的免单品项是否正确（包括全免和单免浴资），签单是否真实。

（7）核查所有的收入调减是否合理，是否有授权人签名。

（8）核查消费、赔偿等收费是否符合酒店规定的标准。

（9）将有问题的账单做标记，并在交班本上登记，同时将所有账单按结账方式分类归集装订。

（10）统计消费卡、招待消费品项，并在编制营业收入报表时进行相应品项的冲减。同时，统计现金门票数量，为填制报表做准备。

3.各输单点（男部、女部、休息厅、待位、自助餐厅、游泳馆）的审核

（1）审核各输单点消费小票的各个消费品项汇总数与其对应的控制平衡表显示数额是否一致。如不一致，查明原因后按实际数核定，并在更改处签章后转交成本部。

（2）对各点的消费小票领用与核销如实进行登记，并核查消费小票是否有丢失或跳号现象。

（3）审核自助餐厅免费就餐人员的签章权限及真实性，同时检查赠送果盘、食品是否有权限人员已签章。

（4）核查输单员所交的餐厅多用单与后厨餐厅多用单是否一致。

（5）核查会员房的入住和离店时间，确认房费是否按规定标准收取。

（6）核查会员房的打折和免单是否有权限人员已签章，并确保具有合理性。

（7）将所有消费小票、餐厅多用单与电脑逐一核对，确认计价是否正确，数量是否相符。如发现问题，及时查明原因，并将详情记录在交班本上，交由日审人员处理。

（四）编制酒店经营情况晨报及相关报表

夜审人员将所有营业部门的账单审核无误后，按部门分类汇总收银员上交的账单，统计出各类消费总数及收入总额，并根据打印出来的各种报表、数据，编制酒店经营情况晨报和其他相关报表。

（1）统计客房房费、电话服务费、洗衣、迷你吧、精品店/商场、其他收入、客账等净额，编制夜审试算平衡表。

（2）统计餐饮、洗浴、游泳、美容美发消费人数，以及食品、酒水、香烟、会议租金、包房、浴资、技师、擦鞋、游戏、运动项目、美容、美发、杂项等收入，编制每日餐饮/康乐收入报表。

（3）将夜审试算平衡表及每日餐饮/康乐收入报表所统计的数据按照一定的比例分成，编制夜间审计员日报表。

（4）在软件报表系统的在住客人报表（历史含日用房）中统计当日卖房、免费房、自用房、空房及维修房，在软件报表系统的招待发生报表中统计当日赠送游泳卡、积分卡、消费卡及宴请（招待）等数据，编制当日晨报表。

（5）根据夜审试算平衡表、每日餐饮/康乐收入报表、夜间审计员日报表、当日晨报表的数据编制每日营业收入报表Ⅰ、每日营业收入报表Ⅱ及收益总结表。

（6）编制完上述报表后，手工统计当日最后一张营业汇总表，将当日收入及一些重要数据填写完毕，由另一名夜审人员审核。审核通过后，此表转交日审人员。

任务实训

【实训项目】夜审模拟训练。

【实训目标】通过夜审实训，学生要了解酒店夜审的重要性和夜审的流程，掌握酒店夜审的程序与标准。

【实训时间】3学时。

【实训步骤】

1.实训开始前，教师按照酒店各个部门的不同情况设计训练内容。

2.教师先进行示范讲解，然后由学生进行夜审操作实训，教师加以指导。

3.实践过程中教师进行指导，最后根据学生操作过程中存在的问题进行点评。

【实训标准】

实训形式	以学生实训操作和教师的指导点评为主
角色分工	教师作为引导者负责实训的过程指导，学生扮演前厅工作人员
实训重点	1.学生要将自己代入到角色中，在实训过程中要注意牢记自己的角色。 2.学生在实训过程中遇到不懂的步骤要及时请教老师。 3.教师最后需要就本次实践进行总体的点评和总结。 4.实训结束后，学生可就本次实训过程中的难点和关键点进行总结

任务五　礼宾及常见问题解决

解决礼宾及接待的常见问题

礼宾部的员工是客人对酒店的初印象也是最后印象，在接待中解决好客户提出的问题，给予客户宾至如归的关心，将在提高客户满意度和好感度方面起到至关重要的作用；在解决客户问题的同时，要注意与其他部门的配合与合作，解决客户需求，提升客户好感度。

一、接待中的特殊情况处理

（一）住宿条件变化的处理

客人在住宿期间可能因各种原因需要更换房间或更改离店日期。尽管这样会给酒店的服务、接待和管理工作带来一定的不便，但酒店仍应尽力满足客人的要求，以使客人获得最大程度的满意。客人要求调换房间、客人在住宿过程中人数发生变化，客人更改离店日期等都是酒店前厅接待过程中经常遇到的特殊情况，下面列举了一些特殊情况的处理方案。

1.客人要求调换房间

（1）了解换房原因。

（2）查看客房状态资料，为客人安排合适的房间。

（3）填写换房通知单。

（4）为客人提供换房时的行李服务。

（5）发放新的房卡与钥匙，由行李员收回原房卡与钥匙。

（6）接待员更改电脑系统中的资料，更改房态。

2.客人更改离店日期

（1）提前离店。

如果客人要求提前结账，接待员应通知预订处更改有关订单信息，客人离店后马上通知客房部尽快打扫房间，同时更改房态。一般退房时间为中午12点以前，有的酒店可以适当延迟退房时间，一般不超过下午2点。

（2）临时续住。

接到客人要求续住的要求后，应问清客人的姓名、房号、续住时间，然后与预订处联系，核实订房情况，确定是否可以满足客人的续住要求。若可以，接待员应为客人办理续住手续，并填写续住通知单通知客房部、预订处、收银处等相关部门，并及时在酒店管理系统里做好信息的更改。

（二）总台接待中常见问题的处理

1.客人不愿登记或有些项目不愿填写

（1）耐心地向客人解释填写住宿登记表的必要性。

（2）若客人怕麻烦或填写有困难，可以代其填写，只要求客人签字确认即可。

（3）若客人有顾虑，怕住店期间被打扰，而不愿他人知其姓名、房号或其他情况，可以告诉客人，酒店可以将客人的这一要求输入电脑或通过备注记录下来，通知有关接待人员，保证客人不被打扰。

2.重复卖房间

一旦发生重复卖房的情况，应立即向客人道歉；同时，带客人到大堂或咖啡厅，为其重新安排客房。等房间安排好后，要由接待员或行李员亲自带客人进房，及时更改房态，并通知收银处做好建账工作。如有必要，可以给客人准备一份致歉小礼物，感谢客人的谅解。

3.无客房出租

在旅游旺季，无房间销售的现象时常发生。接待员除了对贵宾、常客予以特殊关照、积极安置以外，对其他未办理预订，甚至初次来酒店要求住宿的客人也应以"急客人之所急"的心态妥善处理。例如，可以建议客人暂时使用最大折扣的套房或者房间加床，等酒店有空房了再通知其换房等；或者帮客人联系附近相同档次的酒店，尽力解决客人的难处。

4.住宿押金数额不足

酒店的客源复杂，客人付款的方式多样，酒店的坏账、漏账、逃账的可能性始终存在。所以，酒店一般会要求客人在办理入住手续时缴纳一定数额的押金。押金的数额依据客人的住宿天数而定，主要是预收住宿期间的房租。一些酒店为了方便客人，会要求客人多交一些押金，以方便他们在住宿期间使用房间内长途电话，享用客房内迷你酒吧的饮料及洗衣服务等。

有时候客人的押金不够，所带的钱只够支付房租，而不够支付额外的消费。遇到这种情况，接待员要请示上级处理。如果让客人入住，那么签发的欢迎卡与钥匙卡应该注明不能签单，并通知总机关闭长途，通知客房部锁上客房内的迷你酒吧。客人入住后客房服务员也应对该房间多加留意。

5.住店客人要求延住但客房不足

（1）向客人解释酒店客房不足，求得客人的谅解，并为其联系其他酒店。

（2）如果客人不肯离开，前厅部接待员应立即通知预订部，为即将到店的客人另寻房间。如实在无房，只好为即将来店的客人联系其他酒店。总之，处理这类问题的原则是：宁可让即将到店的客人住到别的酒店，也不能赶走已住店客人。

6.来访者拜访酒店住客

查到房号后，应先与住客电话联系，征得住客的同意后，再告诉访客："客人在××房间等候。"

7.住客要求加床

如果是客人在办理登记手续时要求加床，酒店要按规定为加床客人办理入住登记手续，并为其签发房卡，房卡中的房租为加床费，而加床费应转至住客付款账单上；如果客人在住宿期间要求加床，加床的客人在办理入住登记手续时，入住登记表上相关项目须由支付房费的住客签名确认。接待处将加床信息以"加床通知单"的形式通知相关部门。

8.遇到不良记录客人

接待员在遇到不良记录的客人光顾酒店时，凭以往经验或客史档案，要灵活认真地予以处理。如遇到信用差的客人，要通过确立信用关系、仔细核查、压印信用卡、收取预付款等方式，确保酒店利益不受损害，并及时汇报；对于曾有劣迹、可能对酒店造成危害的客人，则应以"酒店住宿已满"等委婉的说法，巧妙地拒绝客人入住。

二、与其他部门之间的沟通

前厅部是酒店的神经中枢,负责联络和协调各部门的对客服务。前厅部的工作包括将客源、客情、客人需求以及当日抵离的 VIP 客人、营业日报、客情预测等重要信息给总经理室及其他有关部门等;同时,强化前厅部的信息沟通也有助于酒店避免不必要的损失,例如若客人在预订日期未抵达酒店,酒店可以通过信用卡公司获得房费收入的补偿。因此,认识和理解前厅部沟通与协调的重要性对酒店从业人员来说有着非常重要的意义。

酒店的前厅部与总经理办公室、客房部、销售部、财务部、餐饮部、工程维修部等部门都存在着必要的沟通与协调,因此,前厅部工作人员要培养良好的沟通协调能力和团队协作能力。

任务实训

【实训项目】讨论礼宾接待中有哪些常见问题,该怎么解决。

【实训目标】通过实训,学生要了解前厅在礼宾接待中有哪些常见问题,并掌握解决这些问题的方法,加深对个性化宾客服务的理解。

【实训时间】2学时。

【实训步骤】

1.将学生进行分组,每组控制在4~6名学生。

2.教师引导每个小组根据常识、网上搜索等方式对礼宾接待过程中的常见问题、解决方法进行收集、讨论和归纳总结。

3.各小组选一个学生代表小组进行发言,其他小组点评,最后由教师总结提升。

【实训标准】

实训形式	以学生的讨论和分享为主
角色分工	教师作为评委,每个小组各推举一名学生代表整个小组发言
实训重点	1.学生要积极参与讨论,加深对所学知识的理解。 2.学生在讨论过程中要充分利用所学知识和日常生活的所见所闻,要善于观察和学以致用

项目四 商务中心与其他服务管理

酒店商务中心是指酒店内专门为客人提供各种商务服务而设立的一个专门的服务区域。商务中心通常提供各种商务设施和服务。例如，许多酒店会配置会议室和会议设施，大型酒店可能会配置多种规模的会议室，包括小型会议室、中型会议室和大型会议厅。这些会议室通常配备先进的音响和视频设备，包括投影仪、音响系统、白板和视频会议设备，以满足客人的会议需求。酒店商务中心还会提供文档处理和复印服务、传真和快递服务、无线网络和电脑租赁服务、电话和传真设备租赁服务等。除了上述服务外，一些酒店还可能提供其他服务，如翻译和秘书服务等，以满足客人在商务出差期间的多样化需求。

学习引导

某五星级酒店的住客慕容先生是一位商人，一天下午14：12来到商务中心，告诉早班服务员陈小姐当天15：45将有份发给他的加急传真，请收到后立即派人送到他房间或通知他来商务中心领取。15：45这份传真发到了商务中心。

15：30时，中班服务员小张已经上班，15：25交接班时早班陈小姐正向小张交代刚接收到的一份紧急文件的打印要求，并告诉她有一份传真要立即给客人送去，然后按时下班。恰巧在这时有一位商务客人手持一份急用的重要资料要求打印，并向张小姐交代打印要求；此时又有一位早上打印过资料的客人因为对打印质量不满而向小张交代修改要求。忙乱之中，小张在16：05才通知行李员把传真给慕容先生送去。慕容先生拒绝收传真。他手指着传真说因为酒店商务中心延误了他的传真使他损失了一大笔生意，而后他立即向大堂副理张先生投诉。大堂副理张先生看到发来的传真内容是："如果下午16：00没有收到慕容先生发回的传真，就视作慕容先生不同意双方上次谈妥的条件而中止这次交易，另找买主。"慕容自称为此损失了3万美元的利润，要求酒店或者赔偿他的损失，或者开除责任人。

【点评】

处理这种情况时，酒店可以从以下几个方面着手。

倾听与沟通：当收到慕容先生的投诉后，酒店员工应该仔细倾听他的问题，并向他保证会认真处理他的投诉；与慕容先生保持沟通，向他解释事件处理的进展。

调查并处理：酒店管理层应该立即展开调查，了解延误发生的具体原因。包括检查商务中心的工作流程、员工的工作安排，以及是否因存在技术问题或其他不可抗力因素而导致延误。如果酒店发现是由自身的失误而导致延误，应诚挚地向慕容先生道歉，并提供合理的赔偿方案。赔偿金额应能够弥补他声称损失的一部分利润，还可以考虑提供一些额外的补偿，如免费房、优惠券等。

整改与完善：酒店应从这次事件中吸取教训，对相关流程和服务质量进行改进。此外，酒店可以利用这次经验加强员工培训，提升员工处理类似问题的能力。

学习目标

知识目标

1.了解酒店商务中心的常见服务类型。
2.了解总机的服务程序以及话务员的素质要求。
3.知道什么是服务楼层。
4.知道什么是酒店"金钥匙"服务。

技能目标

1.掌握一些常见的办公技能，如打印复印、传真收发、办公软件的使用、会议室投影的播放等。
2.掌握接听电话的技巧。
3.掌握酒店客房、楼层等的服务技能。
4.掌握"金钥匙"服务的内容和要求。

素养目标

1.培养学生的良好服务意识和服务能力。
2.培养学生良好的职业观及职业理念。

任务一　商务中心认知

认识酒店商务中心

酒店商务中心是为商务旅客提供办公和会议设施的专门区域，通常提供各种办公设施及商务服务。同学们在日常生活中有没有体验过酒店商务中心的服务呢？想一想，酒店商务中心会为客人提供哪些服务？请思考并与同学们讨论。

一、商务中心服务项目

商务中心是现代酒店的重要标志之一，是客人"办公室外的办公室"。一般以房间为单位进行设计，具有安静、隔音、舒适、幽雅、整洁等特点。

商务中心拥有的设备及用品包括：复（打）印机、传真机、电传机、多功能打字机、程控直拨电话机、录音机、装订机、碎纸机及其他办公用品，同时还应配备一定数量的办公桌椅、沙发，以及相关的商务杂志、报纸、指南、资料等。酒店商务中心提供24小时的服务，以显现其在酒店中的特殊地位。

商务中心的服务项目主要有：会议室出租服务、电子邮件和传真服务、复印服务、打字服务、秘书服务和设备（用品）出租服务等。商务中心还可以提供翻译、名片印制、租车预订、票务预订、休闲活动预订、商业信息查询、快递服务、手机充电服务等。酒店商务中心的工作人员通常具备专业的办公技能，能够协助客人处理文件、打印文件、发送传真等；还可以提供会议室预订、会议设备设置和技术支持等服务。

二、商务中心服务程序

商务中心服务内容既包括基础的文件服务（复印、打印、传真发送与接收等），又包括票务服务、会议室出租服务等。

（一）票务服务操作程序

（1）客户订票需求了解：礼貌地向客人询问他们的订票需求，包括航班、线路、日期、车次、座位选择和其他特殊要求。

（2）票源查询：通过电脑快速查询票源。如果客人所期望的航班或车次已售罄，应向客人道歉并解释情况，然后主动询问客人是否愿意延期或更改航班或车次。

（3）订票手续：要求客人出示有效证件或必要的证明文件，然后办理订票手续，并仔细核对信息。

（4）出票和确认：完成出票和确认，确保客人的机票订单得到妥善处理。

（5）客户感谢：向客人微笑致以感谢，并目送客人，以示礼貌和感激。

（二）会议室出租服务

（1）接受预订：当接到预约时，要简明扼要地了解租用者的姓名或公司名称、房间号码或联系电话、会议的起始时间和结束时间、预计人数、特殊要求等信息，并记录下来。

（2）费用说明和会场参观：向客人介绍租用费用，并带领客人参观所租用的会场。

（3）预收订金：针对会议室出租，要求客人预付订金。会议室的租用期从收到订金开始计算。如果客人取消预约但未及时通知酒店，导致酒店无法再次出租，订金通常不予退还。

（4）记录预订单：在会议室出租的预订单上做好相关记录，包括租用日期、时间和特殊要求等信息。

（5）报告和传递预订单：向主管、领导和问询处汇报相关情况，并将预订单副本交给前厅部。

（6）会场布置：根据客人的要求，在其他部门的协助下安排和布置会场或会议室。

三、商务中心职能转变

随着信息技术的飞速发展，客人一般都拥有自己的手机，越来越多的客人也拥有自己的笔记本电脑，在客房内可以通过互联网直接订票，发送、接收电子邮件和传真，一些高档酒店还在客房内配备了打印机、复印机和传真机，因此，客人对酒店商务中心的依赖程度大大降低。因此，商务中心必须研究客人需求的变化，转变服务职能，推出新的服务项目。

首先是更多地向科技支持和数字化方向发展，不仅提供传统的办公设备，还提供更先进的设备和服务，如高速互联网接入、无线网络、电子设备租赁等。

其次是可以提供虚拟办公空间的服务，包括虚拟办公地址、邮件转发、电话接听和转接等，使客人可以远程办公，同时享受到商务中心提供的各种设施和支持。

再次是提供更多的会议和活动解决方案，如会议策划、活动组织、技术支持等，以满足客人对会议和活动的需求；还可以提供商务咨询、市场调研、商务合作等方面的支持，帮助客人解决商务问题。

除此之外，商务中心也逐渐成为客人之间社交和交流的平台。商务中心提供舒适的工作环境和共享空间，使客人可以与其他商务旅客进行交流和合作，分享经验和资源。

商务中心的职能转变是为了适应商务旅客的变化需求和市场的发展趋势，提供更全面和个性化的服务，满足客人在商务旅行中的各种需求。

> **任务实训**
>
> 【实训项目】参观酒店商务中心。
>
> 【实训目标】通过实训，学生要了解酒店商务中心的常见设施和主要职能。
>
> 【实训时间】2学时。
>
> 【实训步骤】
>
> 1.实训开始前，由教师联系一家附近有商务中心服务的酒店。
>
> 2.将学生进行分组，每组控制在4~6名学生，由教师带领学生前往酒店参观商务中心，并请商务中心的主管介绍酒店商务中心的具体设施和主要服务范围。
>
> 3.参观结束后，学生讨论并总结酒店商务中心的主要工作职责。
>
> 【实训标准】
>
> | 实训形式 | 以学生的参观学习和讨论分享为主 |
> | --- | --- |
> | 角色分工 | 教师作为评委，每个小组各推举一名学生代表整个小组发言 |
> | 实训重点 | 1.学生在参观过程中要遵守纪律，要仔细聆听和观察。
2.学生要积极参与讨论，加深对所学知识的理解。
3.教师负责引导学生进行讨论，讨论结束后可以适当进行总结 |

任务二　总机服务规范

接听总机

总机既是酒店内外信息沟通、联络的通信枢纽，又是为客人提供服务的工具。电话总机提供的服务项目有转接店内、店外电话，挂接国际、国内长途电话，提供叫醒和呼叫找人服务、留言查询服务、免电话打扰服务等。

总机服务的流程是怎样的？对话务人员有哪些要求？请思考并讨论。

一、总机话务人员的素质要求

客人对酒店的第一印象，往往是在与话务员的第一次接触中形成的，而这种接触所具有的热情、快捷、高效的对客服务，只能通过悦耳的嗓音以及周到的话术体现出来。因此，总机服务越来越被酒店所重视。

酒店总机话务人员在接待和答疑等工作中扮演着关键的角色，因此需要具备多种素质和技能，以有效地应对客户需求和提供卓越的服务。下面是对总机话务人员的素质要求。

（一）沟通能力

总机话务人员必须具备出色的口头和书面沟通能力，能够清晰明了地与客户、同事和上级交流。他们应该使用礼貌和专业的语言，以确保客户满意。

（二）耐心和友善

总机话务人员需要表现出极高的耐心和友善，因为他们可能会对接各种不同性格和需求的客户。不论客户的请求如何，他们应礼貌和耐心地对待客户。

（三）紧急情况处理能力（应变能力）

紧急情况处理能力也叫临场应变能力，体现的是一个人在突发情况下解决问题的能力。在紧急情况下，总机话务人员需要冷静自如，并能够迅速采取适当的行动。他们应该知道如何应对紧急情况，如火警、医疗紧急情况等；此外，总机话务人员应该能够快速而有效地解决客户的问题和投诉，以确保客户满意。

（四）组织技能

有效的时间管理和组织技能对于处理多个电话和任务至关重要。总机话务人员要能够管理多任务和保持工作区域整洁有序。

（五）基础技能

熟练使用电话系统和计算机软件是必要的。他们要能够快速操作电话和电子设备，以提供高效的服务。

（六）保密意识

总机话务人员可能会处理敏感信息，包括客户个人信息和酒店内部信息。他们需要严格维护信息的保密性，不泄露客户信息或机构机密。

（七）团队协作能力

总机话务人员通常在一个团队中工作，需要具备团队合作精神，与同事协调合作，确保客户得到一致的服务。

（八）抗压能力

高峰时段可能出现大量来电，总机话务人员需要在高压下保持冷静，不受压力干扰，继续提供高质量的服务。

总机话务人员的素质和技能对于维护客户关系和提供出色的客户服务至关重要。他们是酒店或机构与外界联系的纽带，因此需要具备高度的专业素质和综合能力。

二、总机的服务操作程序

（一）转接电话

1.转接短途电话

（1）接转来自店外的电话时，要先报店名并向对方问好，然后询问需要什么帮助。

（2）接转来自店内的电话时，要先报总机，然后问好，再转接；对无人接或占线电话，要主动提议是否需要受话者留言或再次打来。如果遇到查找不到受话人姓名或房号的情况，应注意保持冷静，迅速仔细核对查找，切勿急躁。

（3）总机接线员要能够辨别电话的来源，如果是店内电话要能够辨别主要管理人员的声音并使用尊称。

（4）用热情、悦耳的语音和语调向来电者致意问好。

（5）说出酒店名称及岗位名称，必要时报出工号。

（6）听清和明确了解来电者的要求，按要求进行下一步操作。

（7）请客人等候时，播放音乐。

2.挂接国际、国内长途电话

酒店提供的长途电话服务通常分为三种：一是住店客人在房间内直拨的国际长途（IDD）和国内长途（DDD）；二是通过长途电话台挂拨的人工长途；三是由话务员为店外客人代拨的长途电话。为了方便住店客人，酒店设计了电话服务指南供客人查阅使用，还提供了电话卡，一定程度减轻了话务员的工作量。此外，总台接待员需随时为入住客人开通长途电话服务，并在客人结账离店时及时关闭长途电话服务。对于团体会议客人需要分账处理电话费用的情况，应设立相应的分账单。

在总机长途电话服务过程中，难以控制的是长途费用的跑账、漏账问题，有时候会出现客人在结账离店后，仍发生长途电话费用未支付等问题。对此采取的有效措施是：话务员必须掌握当日预计离店客人的结账情况，并主动与前台收银处密切联系。一旦客人结账离店，话务员应该立即关闭客房的长途电话，直至该客房重新出租给新的住客。

（二）叫醒服务

电话叫醒服务是酒店对客服务的一项重要内容。它涉及客人的计划和日程安排，特别是叫早服务往往关系到客人的航班和车次。如果叫醒服务出现差错，会给酒店和客人带来不可弥补的损失。酒店叫醒服务一般分为人工叫醒和自动叫醒两种，具体的叫醒程序如下。

1.人工叫醒服务的程序

接受客人叫醒要求时，问清房号、叫醒时间，并与对方核对；填写叫醒记录，再次跟客人复述确认；使用定时钟定时；用电话叫醒客人时，接通电话后话务员先向客人问好，再告诉其约定的叫醒时间（可以告诉客人约定的叫醒时间）已到，如无人应答，5分钟后再叫醒一次，如果仍无人应答，则通知大堂副理或客房服务中心，弄清原因；最后，核对叫醒记录。

2.自动叫醒服务的程序

准确记录待叫醒客人的姓名、房号和约定叫醒时间；把叫醒信息输入自动叫醒电脑并仔细核对确保无误；客房电话按时响铃唤醒客人；电脑进行叫醒时，须仔细观察其工作情况，如发现电脑出现故障，应迅速进行人工叫醒；查询自动打印记录，检查叫醒工作有无失误；如遇无人应答的情况，可用人工叫醒方法补叫一次；把每天的资料存档备查。

无论是人工叫醒还是自动叫醒，话务员在受理时，都应认真、细致、慎重，避免差错和责任事故的发生。

（三）代客留言服务

客人有留言（电话或传真）时，酒店总机话务员或总服务台接待员可以直接使用电脑输入留言信息。电话总机系统在收到前厅电脑系统的留言后会自动开启客房内的留言灯。当住客回到客房，电话机上闪烁的灯光会提醒他在总服务台有留言，住客可以向总机话务员或前厅问询处询问留言内容或要求递送留言。

（四）勿扰服务

勿扰服务通常指的是酒店客房内的一项服务，客人可以通过挂在门把上的标识或者电话请求勿扰服务。这意味着酒店工作人员不会打扰客人，不会进行客房清洁，不会送餐或者进行其他服务。这种服务通常被客人用于需要休息或者私人时间的情况下。

（五）充当酒店临时指挥中心

当酒店发生紧急情况（如火灾、水灾、伤亡事故、刑事案件等）时，电话总机不仅提供常规服务，还应成为酒店管理人员采取相应措施的指挥中心。在这种情况下，话务员应注意以下几个要点。

（1）保持冷静，询问报告者事发地点、时间，报告者姓名和身份，并迅速记录相关信息。

（2）通知酒店管理层和各部门，根据现场指挥人员的指令，迅速与市内相关部门（如消防、安全等）紧急联系。随后，话务员应相互通报，传递所发生的情况。

（3）严格执行现场管理人员的指令。

（4）坚守岗位，继续对客人提供服务，并安抚他们。

（5）详细记录紧急情况发生时的电话处理情况，并进行归类存档。

任务实训

【实训项目】接听总机模拟。

【实训目标】通过实训，学生要了解酒店话务员的知识要求、技能要求、素质要求，掌握总机服务的操作流程，真正了解接听总机的工作内容和要求。

【实训时间】2学时。

【实训步骤】

1.教师预先设计好"客人"的提问内容，然后学生进行模拟。

2.两名学生为一组进行角色扮演，一人扮演话务员，一人扮演客人，完成一次接听总机的模拟训练。

3.学生互换角色，再进行一次步骤2的实训内容。

4.教师参与过程指导，最后根据学生训练过程中存在的问题进行点评。

【实训标准】

实训形式	以学生的实训和教师的指导点评为主
角色分工	教师作为引导者负责实训的过程指导，学生分别扮演话务员和酒店的客人
实训重点	1.学生要将自己代入角色。 2.学生在实训过程中遇到难点要及时请教老师。 3.实训结束后，教师针对实训过程中学生存在的问题进行点评和梳理

任务三　楼层服务管理

服务楼层

服务楼层是指酒店中专门负责提供客户服务和满足客户需求的楼层。服务楼层的员工通常需要接受专门的培训，以提供高质量的客户服务。他们需要具备良好的沟通技巧、解决问题的能力和专业的态度，以确保客人在酒店入住期间得到满意的服务体验。

那么，服务楼层会提供哪些服务呢？请思考并讨论。

一、行李服务

行李服务是指酒店为客人提供搬运、存放和送达行李的专业服务。这项服务旨在让客人在入住和离店时能够方便地处理行李，享受愉快的住宿体验。

1.行李接待

酒店门童或行李员会迎接客人，帮助客人将行李从车辆或出租车中取出，并将行李送至大堂。

2.行李登记

行李员会记录客人的姓名和房间号，并为每件行李贴上标签以确保行李不会遗失。

3.行李搬运

行李员会将客人的行李搬运至客房，并在客人入住期间提供搬运行李的服务。

4.行李寄存

客人需要暂时离店时可以选择寄存行李，行李员会将行李存放在安全的行李寄存室，并为客人提供行李寄存单。

5.行李搬运

在客人离店时，行李员会将客人的行李从客房搬运至大堂，并协助客人将行李放置在适当的地方。

6.行李打包

客人可以要求行李员工协助其将行李打包，确保行李安全整齐地送达目的地。

二、维修服务

酒店的维修服务通常是指客房维修服务，客房维修是酒店为了确保客人住宿期间的舒适和安全而提供的服务。客房维修通常包括解决客房内的各种问题，如灯泡烧坏、空调故障、水龙头漏水、卫生间堵塞等。酒店会派遣维修人员前往客房解决这些问题，以确保客人获得舒适感和安全感。

客房维修的关键点是积极响应客人的维修请求，注意维修时间，清楚维修范围，对维修事项的灵活处理等。

知识链接

客房维修的常见问题

1.如何申请客房维修？

如果客人在客房内遇到维修问题，可以通过客房电话或者前台电话向酒店报告问题。客人需要详细描述问题和提供房间号码，以便维修人员能够准确地定位和解决问题。

2.客房维修是否需要额外付费？

通常情况下，客房维修是由酒店免费提供的服务。然而，如果维修问题是由客人的过失或故意造成的，酒店可能会要求客人承担相应的修复费用。

3.客房维修的响应时间是多久？

酒店会尽力在最短的时间内响应客房维修请求，并派遣维修人员前往客房解决问题。具体的响应时间会根据酒店的规模、维修人员的工作负荷和维修问题的紧急程度而有所不同。

4.如果客房无法修复，酒店会提供替代房间吗？

如果客房内的问题无法在短时间内解决，酒店可能会提供替代的客房给客人居住。这取决于酒店的政策和可用房间的情况。

三、客房服务

（一）房间服务

房间服务通常包括提供客房内的餐饮服务，如早餐、午餐、晚餐、小吃、甜点和饮品。此外，房间服务还可以提供其他服务，如洗衣、干洗、送餐、补充洗漱用品、提供额外的床垫等。

项目四　商务中心与其他服务管理

在大多数酒店，房间服务通常是需要额外付费的，价格会根据所订购的项目和酒店的定价策略而有所不同。但是在一些星级酒店，会免费给客人提供一些房间服务，如进店时送水果，送睡前的点心和牛奶，提供免费早餐等。

有些酒店对房间服务设有最低消费要求，即需要达到一定的消费金额才能享受房间服务。这个要求可能会因酒店的不同而有所不同。

（二）客房设施支持

客房设施支持是指酒店为客人提供的各种设施和服务，以提升客人在客房内的舒适度和便利性。客房设施包括Wi-Fi和互联网接入功能，提供各种电视频道和媒体设施，提供客房电话，提供良好的空调和暖气系统，提供客房用品、卫浴设施，提供迎宾小礼品，客房内装有烟雾报警器、保险箱、紧急逃生指示等，以确保客人的安全。

任务实训

【实训项目】客房送餐服务模拟。

【实训目标】通过实训，学生要掌握客房送餐服务的技能要求和素质要求，对服务楼层的概念有更加清晰的认识。

【实训时间】2学时。

【实训步骤】

1.教师预先设计好"客人"的送餐要求，然后学生进行客房送餐模拟。

2.两名学生为一组进行角色扮演，一人扮演酒店送餐服务员，一人扮演客人，完成一次客房送餐模拟训练。

3.学生互换角色，再进行一次步骤2的实训内容。

4.教师参与过程指导，最后根据学生训练过程中存在的问题进行点评。

【实训标准】

实训形式	以学生的实训和教师的指导点评为主
角色分工	教师作为引导者负责实训的过程指导，学生分别扮演送餐员和酒店的客人
实训重点	1.学生要将自己代入角色。 2.学生在实训过程中遇到难点要及时请教老师。 3.实训结束后，教师针对实训过程中学生存在的问题进行点评和梳理

任务四　金钥匙服务理念

酒店"金钥匙"理念

酒店金钥匙服务是一种高级的客户服务，这种服务旨在为客人提供更加舒适和便利的住宿体验，通常提供给酒店的VIP客人或高级会员。这项服务通常由专门的接待员或礼宾人员进行，他们会为客人提供安排行程、预订餐厅、购物等个性化的服务。金钥匙服务也可能包括特别的房间安排、私人接待区域以及其他额外的服务。

同学们在日常生活中接触过酒店金钥匙服务吗？这项服务有哪些特点呢？请思考并讨论。

一、金钥匙起源

金钥匙是一个国际服务品牌，拥有先进的服务理念和标准，具有完善的服务网络。国际金钥匙组织起源于法国巴黎，自1929年至今，是全球唯一拥有90余年历史的网络化、个性化、专业化、国际化的品牌服务组织。

1997年，我国正式加入该组织，全国绝大多数高星级酒店都是其成员，金钥匙服务已被国家旅游局（今为文化和旅游部）列入国家星级酒店标准。金钥匙的原型是19世纪初期欧洲酒店的"委托代办"（Concierge）。Concierge原指宫廷、城堡的钥匙保管人，通常被译为酒店里的"礼宾司"。1929年10月，11位来自巴黎各大酒店的礼宾司聚集在一起建立友谊和协作，这就是金钥匙组织的雏形。1952年4月，欧洲金钥匙组织成立，1972年该组织发展成为一个国际性组织。斐迪南·吉列先生是一名金钥匙，他为金钥匙事业呕心沥血，是金钥匙组织的主要创始人，并被尊称为"金钥匙之父"（Fathers of LES CLEFS DOR）。国际金钥匙组织的标志为垂直交叉的两把金钥匙，代表两种主要的职能：一把金钥匙用于开启酒店综合服务的大门；另一把金钥匙用于开启城市综合服务的大门。也就是说，金钥匙成为酒店内外综合服务的总代理。

中国金钥匙服务最早出现在广州的白天鹅宾馆。1990年4月，广州白天鹅宾馆派前台部的三位员工赴新加坡，参加国际金钥匙组织亚洲区总部的成立大会。同年年底，广州白天鹅宾馆礼宾部叶世豪助理加入国际金钥匙组织，他是首位中国籍的国际金钥匙组织会员。

1995年11月，在广州白天鹅宾馆召开了第一届金钥匙研讨会，主题是"奔向2000年的金钥匙"，这标志着中国酒店金钥匙的诞生。1997年1月，中国酒店金钥匙组织成为国际金钥匙组织第31个成员。1999年2月，国家旅游局正式批准中国酒店金钥匙组织成立，划归饭店业协会管理，名称为中国旅游饭店业协会金钥匙专业委员会。

知识链接

中国金钥匙标志

与国际金钥匙标志一样，中国金钥匙标志（见图4-1）也经过了一系列的升级。

2019年12月，在中国金钥匙即将走向25周年之际，为实现品牌升级，中国金钥匙总部对原Logo进行了一系列升级优化：更简洁、辨识度更高、品牌形象更鲜明。

（1）该标志的颜色由红色、蓝色、金色组成：红色代表中国；蓝色代表国际化；金色代表高品质。

（2）该标志的图案由圆形、金钥匙服务标志组成：圆形代表包容、融合。

图4-1 中国金钥匙标志

自1995年正式引入中国以来，中国金钥匙经过将近30年的发展，目前已覆盖全国300多个城市，3 100多家酒店、物业、服务企业，拥有至少5 000名金钥匙会员，已形成中国最大的线上线下品牌服务网络[1]。

二、金钥匙服务内容

金钥匙的口号是："在客人的惊喜中，找到富有乐趣的人生。"金钥匙的服务内容包括：向客人提供市内最新的流行信息、时事信息和举办各种活动的信息，并为客人代购歌剧院、足球赛等的入场券；为团体会议制订计划，满足客人的各种个性化需求，包括安排正式晚宴，为一些大公司设计旅行线路，照顾好客人的子女，等等。

酒店金钥匙服务是以客人的需要为中心开展的。比如，为客人预订房间，安排车辆接送至机场、车站或码头；根据客人要求推荐特色餐厅，并协助其预订座位；联系旅行社为客人安排合适的导游；协助客人在地图上标注购物地点等；客人离开时，协助其预订车票、船票或机票，协助其托运行李；如有需要，还可协助其预订下一站的酒店，并与下一城市酒店的金钥匙确认客人所需的服务。

简单来说，金钥匙就是酒店的委托代办服务，隶属于各酒店前台礼宾部。它既是酒店内综合服务的代理，也是酒店内外旅游综合服务的代理。好的酒店都拥有自己的"首席礼宾

---

[1] 中国服务界的"奥斯卡"！第24届中国金钥匙年会颁奖揭晓，https://www.sohu.com/a/362543648_120066723.

司"，金钥匙是礼宾司的首领，客人可以通过其佩戴在衣领上交叉成十字型的金钥匙徽章辨认出来。两把交叉的金钥匙意味着尽善尽美的服务，意味着此人能满足客人在旅游中的各种需求。金钥匙被有经验的旅游者和商务人士描绘成"万能博士/某些方面的专家"，只要客人所提的要求在正常的范围内，金钥匙都可以提供帮助。在中国广州等城市，金钥匙委托代办服务被设置在酒店大堂。金钥匙从业人员除了照常管理和协调行李员和门童的工作外，还承担许多其他的礼宾职责。

（一）酒店金钥匙服务项目

酒店金钥匙服务项目包括但不限于以下内容。

（1）预订服务：为客人预订房间，并提供个性化的房间布置和需求满足。

（2）接送服务：安排车辆接送客人前往机场、车站或其他目的地。

（3）行李及通信服务：为客人运送行李，进行电报、传真、电子邮件等服务。

（4）旅游服务：联系旅行社，为客人安排旅游行程和导游服务。

（5）问询服务：指路、提供当地的旅游景点等信息，提供购物地点建议，并在地图上标注相关信息等。

（6）快递服务：国际包裹托运、国内包裹托运等。

（7）订餐服务。

（8）订车服务及订票服务：协助客人预订交通工具（车票、船票或机票），并提供行李托运服务。

（9）订花服务：鲜花预订、异地送花等。

（10）下一站服务：如有需要，协助客人预订下一站的酒店，并与目的地酒店金钥匙确认客人所需的服务。

（二）金钥匙服务的意义

金钥匙服务的意义在于提供高品质、个性化和专业化的服务体验，以满足客人的需求和期望。这种服务的意义体现在以下几个方面。

（1）个性化关怀：金钥匙服务致力于深入了解客人的需求和喜好，为他们提供个性化的服务，使客人感受到被关怀和重视。

（2）高品质服务：金钥匙服务注重细节和质量，以确保客人享受到高品质的服务体验，包括舒适的住宿、美味的餐饮、周到的礼宾服务等。

（3）解决问题能力：金钥匙服务人员具备快速解决问题的能力，能够在客人遇到困难时提供及时的帮助和解决方案，为客人创造无忧的入住体验。

（4）提升形象和口碑：金钥匙服务代表了酒店对服务品质的承诺，通过提供卓越的服务，有助于提升酒店的品牌形象和口碑，吸引更多客人选择入住。

三、金钥匙从业人员的素质要求

作为一项高端服务，金钥匙从业人员需要具备一定的专业知识、较强的沟通能力、良好的服务意识、一定的组织能力、解决问题的能力、灵活应变能力以及保密意识等。

（一）中国酒店金钥匙组织会员的任职资格

（1）在酒店大堂柜台前工作的前台部或礼宾部高级职员才能被考虑接纳为金钥匙组织的会员。

（2）年龄在23周岁以上，人品优良，相貌端庄，具有酒店业从业5年以上的工作经验，其中3年必须在酒店大堂工作，有为酒店客人提供服务的经历。

（3）必须有两位中国酒店金钥匙组织正式会员的推荐信、一封申请人所在酒店总经理的推荐信以及过去和现在从事的酒店前台服务工作的证明文件。

（4）熟练掌握一门以上的外语。

（5）参加过由中国酒店金钥匙组织举办的服务培训。

（二）能力要求

（1）人际交往能力：善于与他人沟通交流和合作。

（2）语言表达能力：能够清晰、准确地表达自己的想法和意见。

（3）协调能力：能够有效处理与相关部门的合作关系。

（4）应变能力：能够根据原则和酒店的政策灵活应对问题，并找到解决方案。

（5）体能要求：身体健康，精力充沛，能够适应长时间站立和户外工作。

（三）业务知识和技能

（1）熟练掌握本职工作的操作流程，会说普通话，至少掌握（听说无障碍）一门外语，掌握中英文打字、电脑文字处理等技能。

（2）熟练掌握所在酒店的详细信息资料，包括酒店历史、服务时间、服务设施、各种服务项目的价格水平等。

（3）熟悉本地区三星级以上酒店的基本情况，包括地点、主要服务设施、特色和价格水平等。

（4）熟悉本市主要旅游景点，包括景点的地点、特色、开放时间和大概价格，能帮助客人安排市内旅游，掌握线路、花费时间、价格水平、联系人。

（5）掌握本市高、中、低档的餐厅各5个（小城市3个），娱乐场所、酒吧5个（小城市3个），包括地点、特色、服务时间、价格水平、联系人。

（6）熟悉本市的交通情况，掌握从本酒店到车站、机场、码头、旅游点、主要商业街的路线、路程和出租车价格。

（7）能帮助外籍客人解决办理签证延期等问题，掌握有关单位的地点、工作时间、联系电话和手续。

（8）能帮助客人修补物品，包括手表、眼镜、小电器、行李箱、鞋等，掌握上述物品维修点的地点、服务时间。能帮助客人邮寄信件、包裹、快件，知晓邮寄事项的要求和手续。能帮助客人查找航班托运行李的去向，掌握相关部门的联系电话和领取行李的手续。

知识链接

贵宾接待中的金钥匙服务

在传统服务观念中，酒店工作人员只为走进酒店消费的客人提供服务，而引进金钥匙服务理念后，开拓了一个全新的服务空间，扩大了服务的内涵和外延。立足诚信，放眼长远，将与酒店有联系的人都看作客人，让客人一接触到酒店的人、事、物就能享受到最好的服务，将服务从酒店内延伸到酒店外，延伸到客人所能到达的地方，从而培养了一批忠实的客户。这种认识虽还没有普及到一般客户身上，但不少酒店正尝试从VIP客人接待中实践和发展金钥匙理念，并总结出以下经验。

1.对贵宾的迎接

过去酒店在迎接贵宾到来时，通常召集各部门负责人，站于感应门内两侧列队欢迎，这样虽显得隆重，但存在不少弊端。

首先，贵宾下车后，第一眼看到的并不是很多人迎接他，而是门外没有人迎接他，一进门刚一定神，却又发现许多人在用掌声欢迎他，先冷后热，心里就会有不舒服的感觉，第一印象并不好。

其次，一般而言，接待贵宾的过程也是各部门为做好接待准备最忙乱的时候，这时把各部门最有经验的总指挥调离其阵地，安排到大堂里毫无意义地做长时间的等待，无异于舍本逐末。

最后，在酒店大堂门口迎接贵宾的都是店里的主要负责人、经理等，但贵宾并不认识他们，未必就会领酒店的情，不一定知道这就是酒店最高规格的接待。

我国的礼仪传统是到正门外迎客，送客也要送到正门外。如果是非常重要的客人还要到路上去迎接，这样才显得隆重。现在，接待贵宾的服务从机场就开始了，众多程序，一环套一环，直到贵宾离店，都由金钥匙全程跟进，随时发现贵宾需求，并与各部门沟通和协调以满足贵宾需求。

建议采取下面的迎接方式。

（1）有贵宾要下榻酒店，金钥匙会第一个出现并在贵宾身边提供服务，全程跟进并将店内的迎接从感应门内（正门内）延伸到感应门外（正门外），甚至延伸到机场，贵宾一下机、一下车就会收到献花，然后被簇拥进入酒店相关区域，再由相关区域负责人上前亲自服务。这样层层递进，各个区域提供的都是最高规格的接待。

（2）每次接待VIP客人时，酒店营销部会派专人负责给贵宾摄影录像留念，逐步建立起贵宾到店的客史档案。

（3）由餐饮部抽调几名服务员，成立礼仪小姐服务队，贵宾进店由礼仪小姐引领在前，而不是像过去那样，管理人员匆匆地在前面引领。

（4）成立礼仪乐队，烘托接待气氛。远远地看见贵宾车一出现，就由整齐划一的乐队奏曲，以彰显威风、气派。平时礼仪乐队还可以丰富员工的业余文化生活，有时还面向社会提供收费服务。

2.对贵宾的欢送

以往酒店对贵宾的接待往往有头无尾，重接不重送，即使送也只是召集各部门负责人站在正门口鼓几下掌，贵宾一上车就了事，毫无特色和程序可言。其中也存在不少弊端：贵宾出房间，上电梯，下电梯，进大堂都冷冷清清，没人簇拥，与来时形成强烈反差，快要失望到极点时，突然看见门口还站着几位穿着各种服装的陌生人员在鼓掌欢送，丝毫感觉不到亲切和被尊重。

现在流程优化为：

（1）贵宾一出房间，金钥匙已在门口等候，随后部门负责人依次握手相送，行李员提着行李，簇拥着贵宾下电梯。

（2）酒店礼仪小姐献花或其他纪念品，酒店相关领导已在电梯两旁迎接，簇拥着贵宾进大堂，出正门，上车，酒店人员列队纷纷挥手相送，轿车启动，军乐声响起，金钥匙随从送到机场。

任务实训

【实训项目】金钥匙服务模拟。

【实训目标】通过实训，学生要了解酒店金钥匙服务的基本要求，了解金钥匙的服务标准。

【实训时间】2学时。

【实训步骤】

1.教师预先设计好训练内容，可以是酒店住客会发生的特殊情况，也可以是贵客的迎送等；然后教师讲解示范，学生按程序进行操作练习。

2.两名学生为一组进行角色扮演，一人扮演酒店工作人员，一人扮演客人，完成一次金钥匙服务模拟练习。

3.学生互换角色，再进行一次步骤2的实训内容。

4.教师参与过程指导，实训过程中学生可以互相点评，教师补充纠正。

【实训标准】

实训形式	以学生的实训和教师的指导点评为主
角色分工	教师作为引导者负责实训的过程指导，学生分别扮演酒店工作人员和客人
实训重点	1.学生要将自己代入角色。 2.学生在实训过程中遇到难点要及时请教老师。 3.实训结束后，教师针对实训过程中学生存在的问题进行点评和梳理。 4.学生也可以互相点评交流，以便更好地发现自身的优点和不足

项目五　客户关系管理与数据分析

酒店对客管理是酒店为了满足客人需求和提高客户满意度而进行的全方位管理和服务。包括从客人预订房间开始，到客人入住期间的服务和支持，直到客人离店的整个过程。这期间酒店可为客人提供礼宾服务、行李搬运服务、快速入住手续办理服务、客房清洁维修服务、餐饮服务、各种休闲娱乐设施服务等，酒店对客管理也包括对客人提出的投诉和意见进行及时有效的处理等，确保客人的问题得到妥善解决。

酒店对客管理的目标是确保客人在酒店入住期间感觉愉快、舒适，同时满足客人的需求和期望，提供个性化的服务，并建立良好的客户关系。酒店对客管理涉及各个方面，包括预订管理、客房分配、客房服务、餐饮服务、客户投诉处理等。通过有效的对客管理，酒店可以提升客人的满意度和忠诚度，从而促进酒店的业务发展。

学习引导

某天凌晨2点，一位女士来电要求转接2302房，话务员立即转接。第二天上午9时许，大堂副理小王接到2302房王女士的投诉电话，说昨晚的来电并不是找她的，她在休息时被打扰，希望酒店对此做出解释。

经查，该电话是找2302房前一位住客刘先生的，他在21时退房；王女士是当天22时入住的。不仅如此，事情还远远没有结束。第二天上午10点左右，原住2302房的刘先生也打来投诉电话，说他太太昨晚打电话找他，服务员不分青红皂白就把电话转进2302房，接电话的是一位女士，引起了他太太的误会，导致他一回家太太就翻脸。刘先生说此事破坏了他们夫妻感情，若酒店不给一个圆满的答复，他会投诉。

如果你是大堂副理小王，应如何圆满解决王女士、刘先生的投诉呢？

【点评】

此案例中，因为一个失误给已消费顾客和正在消费顾客带来了麻烦，并引起投诉。首先，应该向王女士表示歉意，可以同时送小礼物去王女士房间，向王女士说明事情的原委，解释误会，并表示会加强酒店员工的技能以及素质培训，避免类似事情再次发生，争取获得王女士的谅解。其次，向刘先生表示歉意，由于酒店工作的失误造成了他与太太之间的误会，并表示酒店愿意出面向刘太太道歉并解释误会，必要的时候，酒店可以请求王女士出面，解释这次误会。

项目五　客户关系管理与数据分析

学习目标

知识目标

1. 学会如何维护客户关系。
2. 了解客户数据的概念。
3. 知道酒店易受投诉的环节。
4. 了解客房销售的相关知识。

技能目标

1. 掌握收集和分析客户数据的途径和方法。
2. 掌握投诉处理的流程和要求，会处理一些简单的投诉。
3. 掌握酒店客房销售的技巧。

素养目标

1. 培养学生的沟通意识和沟通能力。
2. 塑造学生活泼开朗的性格及迎难而上的品质。

维护客户关系

任务一　客户关系维护

维护客户关系包括建立信任、主动沟通、提供个性化服务、解决问题、提供价值、定期回访、保持联系、制订忠诚计划、与社交媒体互动、提供教育和信息等。维护客户关系是一个持续的过程，需要不断投入时间和资源，还要重视在吸引新客户的同时不忘保持与老客户互动，推动业务的可持续增长。

那么，酒店具体应当如何维护客户关系呢？请思考并讨论。

一、如何维护客户关系

维护客户关系是建立长期合作关系和提高客户满意度的关键。有效地维护客户关系需要做到了解客户需求、提供个性化服务、保持积极互动、及时回应、定期跟进、提供增值服务、设立客户忠诚计划、积极处理投诉、培养一支专业的客户关系团队、不断改进和优化客户服务流程等，每个客户可能存在不同的需求和偏好，维护客户关系需要持续的努力和改进。

（一）了解客户需求

酒店客户需求是指客人在入住酒店期间对酒店及其服务的具体要求和期望，包括住宿需求、设施与服务需求、环境和安全需求、技术需求、餐饮需求、旅游和娱乐需求等，可能还会有一些其他要求，例如安排庆祝活动、发放特定的床上用品、提供额外的毛巾或洗漱用品等。

了解客户需求应积极倾听、主动问询，对于客户的消费体验要定期回访收集。此外，通过与销售团队合作、关注社交媒体等方式也可以了解到目标客户的实际需求。了解客户需求是一个持续的过程，酒店需要不断地调整和优化酒店产品或服务，以满足客户的期望并保持竞争力。

（二）提供个性化服务

个性化服务是指根据客户的个别需求和偏好提供定制化的服务和体验，包括个性化的欢迎仪式、定制化的房间设置、定制化的餐饮服务、私人化的管家服务、个性化的活动和体验、定制化的沟通渠道等。酒店可以通过各种沟通渠道，如手机应用、电子邮件、短信等与客人进行个性化的沟通，提供定制化的信息和服务。

（三）保持积极互动

保持积极互动是指与客户或用户之间建立积极、有效的双向沟通和互动关系。这种互动是在服务过程中持续进行的，旨在建立良好的客户关系、满足客户需求并提供个性化的服务体验。保持积极互动需要酒店做到主动沟通、聆听和理解、及时回复、提供个性化服务、关注客户体验、保持礼貌和友好、提供额外价值等，以便建立良好的客户关系。

（四）及时回应

及时回应需要酒店能做到快速回复、提供准确信息、主动解决问题、谨慎承诺、及时兑现承诺、保持跨渠道一致性等，设立响应时间目标、自动回复和提醒、优先处理紧急事项、多渠道回应、保持透明沟通、加强客户服务团队管理、定期回顾和改进等措施都能确保酒店及时回应客户，它体现了酒店对客户的重视和关心，可以提升客户满意度和忠诚度。

（五）定期跟进

与社交媒体互动、定期进行电话跟进、送礼和提供特殊服务、进行客户调研和反馈收集、提供特殊优惠和会员计划、定期开展客户活动和聚会都是定期跟进的常见手段，这些活动提供了与客户互动和建立更紧密关系的机会。通过定期跟进，酒店可以与客户建立更深入的连接，并提供个性化、贴心的服务。定期跟进的目的是保持联系，确保酒店能精准提供个性化服务，及时解决问题和回应反馈，提供更新和促销信息，为酒店带来持续的业务增长。

（六）提供增值服务

增值服务是指在提供产品或服务过程中，为客户提供超出基本产品或服务的附加价值和额外好处。增值服务包括个性化定制、专业咨询和指导、优先和快速服务、售后支持和维修服务、社区和交互体验等附加产品或服务。维护酒店客户关系时，提供增值服务可以提升客户消费体验，提高客户黏性，提升客户满意度和忠诚度，并与竞争对手区别开来。比如酒店提供的欢迎礼品和迎宾礼遇、根据客户的个人偏好和需求提供的服务、免费早餐或茶点、特别庆祝和纪念日服务、个性化的推荐和建议、特别安排和私人管家服务、豪华设施和免费使用权、客户专属优惠和折扣等都属于增值服务。这些增值服务可以超越基本的住宿服务，创造独特的体验和回忆，吸引更多的客户进行复购和口碑推荐。

（七）持续改进

持续改进是指企业或组织通过不断分析和评估自身的业务、流程、产品或服务，以发现改进的机会并积极实施相应的变革，从而持续提升绩效、质量和效益。持续改进的核心原则包括数据驱动、客户导向、持续学习、流程优化、反馈和评估、持续迭代等。

持续改进是一个持久的过程，需要酒店的全体员工参与和支持。

二、维护客户关系的意义

（一）成本效益

与吸引新客户相比，维护现有客户的成本要低得多。研究数据表明，保留现有客户的成本只有吸引新客户的1/5。因此，通过投资于维护客户关系，酒店可以获得更好的回报，并节省营销和销售方面的开支。

（二）客户洞察与个性化服务

维护客户关系使酒店能够更好地理解客户的需求、喜好和行为。通过收集客户数据、分析消费模式以及客户反馈，酒店可以获得深入的客户洞察，并提供更个性化的服务。这种定制化的服务可以增强客户体验，提高客户满意度，并吸引更多的重复业务。

（三）抵御竞争压力

在酒店业，竞争是不可避免的。通过积极维护客户关系，酒店可以建立牢固的客户基础，降低客户转移和流失的风险。忠诚的客户更倾向于选择自己信任的品牌，这可以使酒店在竞争激烈的市场环境中保持稳定并获得竞争优势。

（四）提高社交影响力

忠实的客户往往是酒店最好的品牌大使。他们会向朋友、家人和同事积极推荐酒店，从而为酒店带来新客户。通过维护良好的客户关系、提供出色的服务和建立强大的口碑，酒店可以有效利用客户的社交影响力，扩大客户基础并提升品牌知名度。

在一个竞争激烈的酒店市场中，维护客户关系是至关重要的。通过提高客户满意度和忠诚度、提供个性化服务、稳固市场、节约成本和提高品牌知名度，酒店可以实现业务的持续增长，并建立可持续发展的竞争优势。

任务实训

【实训项目】模拟回访客户。

【实训目标】通过实训，学生应明白维护客户关系的重要性，更好地掌握维护客户关系的方法，为将来的职业发展奠定基础。

【实训时间】2学时。

【实训步骤】

1.教师预先设计模拟情境。

2.两名学生为一组进行角色扮演，一人扮演酒店员工，一人扮演酒店客户，完成一次客户回访的模拟训练。

3.学生互换角色，再进行一次步骤2的实训内容。

4.教师参与过程指导，最后根据学生训练过程中存在的问题进行点评。

【实训标准】

实训形式	以学生的实训和教师的指导点评为主
角色分工	教师作为引导者负责实训的过程指导，学生分别扮演酒店员工和酒店客户
实训重点	1.学生要将自己代入角色。 2.学生在实训过程中遇到难点要及时请教老师。 3.实训结束后，教师针对实训过程中学生存在的问题进行点评和梳理。 4.实训结束后学生也可根据所学知识以及本次实训总结回访客户的关键内容和技巧，以加深对所学知识的理解

任务二 投诉与异常事件处理

酒店在提供服务和管理过程中，难免会遇到客人投诉的情况。酒店是服务业，客人的评价和口碑很重要，所以一旦发现有客户投诉，必须妥善处理。尽管投诉是难以避免的，但只要工作到位，就能降低客人的投诉率。因此，在工作中需要更加关注易受投诉的环节，掌握投诉处理的原则与方法。

那么，如何正确处理客人的投诉事件呢？请思考并讨论。

一、易受投诉的环节

投诉是客人对酒店提供的服务设施、设备、项目及行动的结果表示不满而提出的批评、抱怨或控告。由于酒店是一个复杂的整体运作系统，而且客人对服务的需求又是多种多样的，因此无论酒店经营得多么出色，都不可能满足所有客人的要求，都不可避免地会出现纰漏。由于酒店不可能百分之百地让客人满意，因此客人的投诉也是不可能完全避免的。酒店投诉管理的目的是使客人对投诉的处理感到满意，尽量减少客人的投诉，处理投诉时使因客人的投诉而造成的危害降到最低，宗旨是使客人对酒店感到满意。

从整个酒店经营和运作系统来看，容易被客人投诉的环节主要有以下几个。

（一）酒店的硬件设施设备

这类投诉是指由于酒店的设施设备不能正常运行或者使用不便而给客人带来麻烦甚至伤害，引起客人的投诉，包括客人对空调、照明、供暖、供水、供电、家具、门锁、钥匙、管道、电器、电梯等设施设备的投诉。这类投诉在酒店投诉事件中占比较大。因此，前台工作人员在接到这类投诉时，最好与相关部门的工作人员一起实地观察，如果是设施问题没解决给客人带来了困扰要及时致歉，然后根据实际情况配合有关部门采取措施（维修或更换）加以解决。

（二）酒店的软件服务

这类投诉是指服务人员在服务态度、服务礼节、服务技能、服务效率、服务纪律等方面未达到饭店服务标准或客人的要求和期望，引起客人的投诉。例如，服务人员在对客服务中不主动、不热情，结账时间过长，出现差错，索要小费等行为。

（三）酒店的食品及饮料

此类投诉是指由于酒店食品及饮料出现的卫生及质量问题，如因不干净、过期变质、口味不佳等而引起客人的投诉。酒店的食品及饮料是除客房及其他设施设备外另一类重要的有形产品，此类质量问题直接影响酒店的声誉及其他服务产品的销售。因而，处理此类投诉时需客观谨慎，必要时要听取客人的意见，积极改正。

（四）酒店的安全状况

此类投诉相对少一点，但也要随时注意规避。这类投诉主要是指客人在酒店因人身安全、财产安全或心理安全受到侵犯而引起的投诉。例如，因酒店管理不善而使客人在房间受到骚扰、客人的隐私不被尊重、客人的财物丢失等。

（五）酒店的规定及制度

此类投诉是指客人由于对酒店的有关规定及制度产生不满而引起的投诉。例如，对酒店内房价、预订、入住手续办理、会客等方面的相应规定，表示不认同或感到不方便等。此时，前台工作人员应努力为客人做好解释工作，指明这些规定是为了保障客人的利益而专设的；如果是酒店的相关规定有瑕疵，要立即对客人表达歉意，告诉客人一定会马上改进，并且对客人提出宝贵意见表示感谢。

二、处理投诉的原则

（一）快速响应

第一时间回应客人的投诉，表达关注并立即采取行动解决问题。及时沟通并告知客人问题解决的进展情况。

（二）诚实和透明

对客人诚实地解释情况，不隐瞒信息，保持透明度，让客人了解问题产生的原因和解决方案。

（三）设身处地

应理解客人的心情，同情客人的处境，满怀诚意地帮助客人解决问题。酒店要积极寻求解决问题的方法，确保客人的满意度和利益。服务人员不能处理的事，要按照交接流程及时转交上级。处理投诉时要有所依据，不能在投诉时出现"空白"和"断层"。对于简单的投诉，服务人员能处理好的，不能推诿和转移。

（四）尊重客人

处理客人投诉时，要有心理准备，即使客人使用过激的语言及行为，也一定要在冷静的状态下同客人沟通。当客人怒气冲冲地前来投诉时，应谨慎选择处理投诉的场所，避免在公共场合接受投诉；应让客人把话讲完，然后对客人的遭遇表示同情，还应感谢客人对酒店的关心。要尊重客人的感受和意见，倾听他们的诉求，不要轻视或忽视客人的投诉。客人的投诉是对服务质量的一种反馈，应该认真对待。

（五）不损害酒店的利益和形象

处理投诉时，应真诚地为客人解决问题，保护客人利益，但同时也要注意保护酒店的正当利益，维护酒店的整体形象。不能只注重客人的陈述，一味讨好客人，轻易表态，给酒店造成不必要的损失；更不能顺着或诱导客人抱怨酒店某一部门，贬低他人，推卸责任，使客人对酒店整体形象产生怀疑。对涉及经济问题的投诉，要以事实为依据，具体问题具体研究。在处理投诉时，既要一视同仁，又要区别对待；既要看投诉问题的情节，又要看问题影响的大小，以维护酒店的声誉和良好形象。

（六）学习改进

将投诉视为改进的机会，从中吸取教训，改善服务质量和管理流程。分析投诉的原因，找出问题所在，并采取措施防止类似问题再次发生。

（七）持续跟进

确保问题得到妥善解决，并进行后续跟进，以确保客人对解决方案满意。在问题解决后，跟进客人的反馈，确保客人对解决方案满意，并提供进一步的协助和服务。

三、投诉处理流程

1.接收投诉

当客人提出投诉时，服务人员应该立即接收并记录投诉的内容，包括客人的姓名、联系方式、投诉的具体内容和时间等信息。

2.表达歉意

礼貌、不卑不亢地对客人表达歉意。

3.分类和分析

将投诉内容进行分类和分析，了解投诉的性质和严重程度，以便采取相应的处理措施。

4.制定解决方案

针对投诉内容，制定解决方案，并及时与客人沟通，说明解决方案并征得客人的同意。

5.实施解决方案

根据制定的解决方案，积极采取行动解决问题，确保客人满意，保护客人的利益。

6.表示感谢

感谢客人的理解和耐心，同时感谢客人的投诉和建议。

7.后续跟进

在问题解决后，进行后续跟进，确认客人对解决方案的满意度，并提供进一步的协助和服务。

8.记录和总结

对投诉的处理过程进行记录和总结，包括投诉的内容、解决方案、客人的反馈等信息，以便日后参考和改进。

任务实训

【实训项目】客人投诉处理模拟。

【实训目标】通过处理客人投诉的实训，学生要了解客人投诉的相关知识，掌握处理客人投诉的程序与标准。

【实训时间】2学时。

【实训步骤】

1.教师按照常见的客人对酒店服务投诉的事项预先设计训练内容。

2.两名学生为一组进行角色扮演，一人扮演酒店员工，一人扮演投诉酒店的客人，完成一次投诉处理的模拟训练。

3.学生互换角色，再进行一次步骤2的实训内容。

4.教师参与过程指导，最后根据学生训练过程中存在的问题进行点评。

【实训标准】

实训形式	以学生的实训和教师的指导点评为主
角色分工	教师作为引导者负责本次实训的过程指导，学生分别扮演酒店员工和投诉酒店的客人
实训重点	1.学生要将自己代入角色。 2.学生在实训过程中遇到难点要及时请教老师。 3.实训结束后，教师针对实训过程中学生存在的问题进行点评和梳理。 4.实训结束后学生也可根据所学知识以及本次实训总结处理酒店客人投诉的关键内容和原则，以加深对所学知识的理解

任务三　客房销售策略

掌握客房销售技巧

酒店前厅部不仅仅是接待部门，也是酒店产品的销售部门。这就意味着前厅部除了要做好基本的对客服务以外，还应当学会在恰当的时机巧妙地进行客房销售。客房销售的关键在于既能保证满足客人的需求，又不会使客人感到尴尬和难以接受，这也是展现前厅部魅力的一种手段。这就需要前厅部工作人员有一定的销售知识储备，掌握相关的知识和技能。

那么，客房销售需要掌握哪些知识和技能呢？请思考并讨论。

一、前厅销售知识储备

良好的销售过程是从客人的第一声咨询开始的。为了做好客人的咨询服务并顺利地销售酒店产品，赢得客人的认可和满意，前厅部员工必须进行大量而有效的销售知识储备，并持之以恒，尽全力做好销售技巧和方法、产品信息、客人可能会咨询的问题等方面的准备。

（一）酒店产品内容

酒店产品是指以满足客人多层次消费需求为特征，向客人提供的多种有形产品与无形服务的综合性产品。

1.有形产品

有形产品是指酒店的设施设备和实物商品。设施设备主要包括酒店的外建筑、内装饰、客房的设备（如音响系统、闭路电视、中央空调系统、家具和用品、卫生间设备和用品等）、游泳池、健身房、舞厅、大小会议厅、中西餐厅、商务中心及银行、邮局、医疗等公共服务设施。实物商品主要是指酒店向客人提供的客房产品。

2.无形产品

无形产品是指酒店服务人员为满足客人的需求所提供的各种服务活动，如前厅服务和客房服务等。

酒店服务的关键在于服务人员的素质，包括服务人员的服务态度、礼节礼貌、服务技能、服务效率等方面。酒店的有形产品要通过无形的服务来体现，酒店产品就是有形产品和无形产品的综合体。

3.组合产品

酒店的组合产品一般包括核心产品、扩大产品和延伸产品。

（1）核心产品。

酒店的核心产品通常是指酒店提供的基本住宿服务。这包括客房、床铺、卫生间、基本家具、空调、热水等基本设施和服务。虽然客人选择酒店的最主要原因就是为了得到住宿服务，但客人需求不同，产品的内容则不尽相同。例如，对经济型客人来说，核心产品就是清洁、方便、实惠的客房；对豪华型客人来说，核心则是高档、豪华、舒适的一系列酒店服务。

（2）扩大产品。

扩大产品是指在核心产品基础上增加的一些额外服务或设施，以提升客户体验和吸引客人。扩大产品可以包括酒店的餐饮服务、会议室、健身房、游泳池、水疗中心等。这些附加服务和设施可以让客人在酒店的住宿体验更加丰富和精彩。

（3）延伸产品。

延伸产品是指酒店为了满足客人的不同需求，提供的一些额外的服务或体验。这些可以包括接机服务、随叫随到服务、旅游包车服务、导游服务、预订剧院门票服务等。延伸产品可以帮助酒店与客户建立更深层次的联系，提供个性化的服务体验，提升客户忠诚度。

4.酒店的产品差异

酒店产品的差异主要体现在服务水准、地理位置、员工水准、酒店形象四个方面。

（1）服务水准。

服务水准体现在酒店有意识地推出服务差异，突出特色，来吸引新顾客、留住老顾客。

服务水准强调个性化，如采用先让客人入住后补办登记手续的方法，或者1分钟入住登记。

（2）地理位置。

酒店的地理位置对于客户的选择至关重要。一家位于市中心的酒店可能更受商务旅客的青睐，而一家沿海度假村可能更适合度假休闲的客人。因此，酒店的地理位置对于满足不同客户群体的需求至关重要。

（3）员工水准。

员工的专业素质和服务态度直接影响着客户的入住体验。热情、专业的员工可以提供更好的服务，提高客户的满意度，从而提升酒店的口碑和竞争力。

（4）酒店形象。

酒店的整体形象包括装修风格、服务理念、品牌形象等，这些都会影响客人对酒店的印象和选择。高端大气的酒店形象可能更容易吸引高端客户，而轻松舒适的酒店形象可能更适合休闲度假客人。

5.酒店产品的竞争市场

竞争是指经济主体为实现自身的经济利益和既定目标，在市场上不断进行的角逐过程。随着市场经济的日趋完善，我国酒店的消费者也日趋成熟，主要表现在四个方面：一是消费者的经验越来越丰富，也越来越挑剔；二是个性化消费越来越突出；三是消费者在消费时越来越精明；四是消费者的自我保护意识越来越强。这就要求酒店更新服务模式，提高服务与管理水平，以适应消费者的需要。

酒店前厅人员务必熟练掌握酒店的差异产品性质，寻找并挖掘合适的销售主题，通过独具特色的差异产品来给客人留下深刻印象，以此应对酒店市场的激烈竞争。大体来说酒店之间的激烈竞争主要表现在下列方面。

（1）硬件竞争：包括酒店建筑风格、装饰特色、设施性能、环境营造等方面的竞争。

（2）价格竞争：即酒店以低价来吸引客人。

（3）服务质量竞争：即酒店注重人才的培养，实行高效、全面的质量管理以参与质量竞争。

（4）社会形象竞争：即酒店公关能力、公众形象以及酒店社会知名度和美誉度的竞争。

近年来，随着我国旅游市场的发展和变化，酒店业的竞争已经逐渐从价格竞争转变为产品差异化竞争。国际著名的酒店集团进入我国市场后，都非常注重产品的差异化。例如，希尔顿酒店集团强调服务快捷，假日酒店集团推崇服务热情，香格里拉酒店集团则注重无微不至的关怀。这些外资酒店集团的做法值得国内酒店借鉴学习，以增强自身的市场竞争优势。

知识链接

酒店客房相关知识

一、单间房

面积为16~20平方米，配有卫生间的客房，就是单间客房。为了适应不同客人的要求，单间客房床的配备有以下几种。

1.客房内放一张单人床

这样的客房适合于进行商务旅游的单身客人居住，也称单人间。我国旅游酒店中这样的房间比较少。

2.客房内放两张单人床

客房内可以住两位客人，适合旅游团居住，旅游酒店称这种客房为标准客房。

3.客房内放一张双人床

这种客房适合夫妻同住，称双人间。

此外，根据客人要求，客房内可以加床，通常加床用的是带床垫的折叠活动床。

二、套间客房

套间客房是由两个以上房间、卫生间和其他设施组成。随着旅游事业的发展，套间种类逐渐增多。

1.双套间

双套间也称家庭套间，一般是连通的两个房间，一间作为会客室，另一间为卧室。卧室内有一张双人床或两个单人床，房间内配有卫生间，适合家庭或旅游团长住。

2.三套间

三套间由一个客厅、一个办公室、一个卧室、两个卫生间组成。

卧室内放一张双人床，适合家庭或旅游团长住，卧室内配有卫生间。

客厅内配有沙发、茶几等设施，并有卫生间，供来访客人及会议时使用。

3.多套间

多套间由三至五个房间或更多的房间组成，有两个卧室，各带卫生间，还有会客室、客厅、工作室及厨房等。卧室内设特大号双人床。

4.立体套间

立体套间由楼上、楼下两层组成，楼上为卧室，面积较小、有两个单人床或一个双人床。楼下为会客室，室内有活动沙发，同时可以拉开当床。这样的房间适合带一至两个小孩的家庭使用。

酒店客房管理知识

5.组合套间

组合套间是一种根据需要专门设计的房间,每个房间都有卫生间,有的由两个对门的房间组成,有的由装有门锁的两个相邻房间组成,也有的由相邻的各有卫生间的三个房间组成,可以根据需要组成三套间、两套间和一个单间及三个单间。相邻的两个房间,中间都有门和锁。需要连通时可以打开门,需要隔开时,可以两边同时关门加锁,这样既安全又隔音。

6.总统套间

总统套间是由七至八个房间组成的套间。走廊有小酒吧。总统卧室和夫人卧室分开,男女卫生间分开,并有会客厅、会议室、随员室、警卫室、书房、厨房及餐厅等设施。有的还有室内花园[①]。

(二)客房价格构成与收费方式

客房价格是酒店销售的核心要素,价格构成的要素是相似的,收费方式却不尽相同。

1.客房的价格构成

酒店客房价格由客房商品的成本和利润构成。其中,客房商品的成本项目通常包括酒店建筑投资及由此支付的利息、客房折旧费用、保养修缮费用、物品消耗费用、土地资源使用费、经营管理费、员工薪金、保险费和税费等。利润则包括所得税和客房利润。

2.酒店的计价方式

按国际惯例,酒店的计价方式通常有欧式计价、美式计价、欧陆式计价、百慕大计价、修正美式计价五种。

(1)欧式计价。

欧式计价是指酒店标出的客房价格只包括客人的住宿费用,不包括其他服务费用的计价方式。这种计价方式源于欧洲,世界上绝大多数酒店使用这种方式。我国的旅游涉外酒店也基本上采用这种计价方式。

(2)美式计价。

美式计价是指酒店标出的客房价格不仅包括客人的住宿费用,而且包括每日三餐的全部费用。因此,美式计价又被称为全费用计价方式。这种计价方式多用于度假型酒店。

(3)欧陆式计价。

欧陆式计价是指酒店标出的客房价格包括客人的住宿费用和每日一顿欧陆式简单早餐的计价方式。欧陆式早餐主要包括果汁、烤面包、咖啡或茶。

---

① 酒店客房管理知识,https://travel.sohu.com/a/696220039_121124432

有些国家把这种计价方式称为床位连早餐计价，我国也有许多酒店选择这种计价方式。

（4）百慕大计价。

百慕大计价是指酒店标出的客房价格包括客人的住宿费用和每日一顿美式早餐的计价方式。美式早餐除含有欧陆式早餐的内容以外，通常还包括火腿、香肠、咸肉等肉类和鸡蛋。

（5）修正美式计价。

修正美式计价是指酒店标出的客房价格除了客人的住宿费用和早餐费用，还包括一顿午餐或晚餐（二者任选其一）的费用。这种计价方式多用于旅行社组织的旅游团队。

（三）客房价格的类型

不同酒店的客房价格不尽相同，其类型大多包括标准价、团队价、协议价、折扣价、推广价、免费价、小包价、家庭租用费用、白天租用价、淡季价以及旺季价等。

1. 标准价

标准价，也被称为挂牌价格或客房牌价，指的是酒店房价表上明确标示的各种客房的正常价格。这个价格不包括任何额外的服务费用或折扣。标准价格通常被称为门市价，散客价或客房牌价。

2. 团队价

团队价，也称为团体价，是为了吸引旅行社、会议策划组织等大规模团体客户而提供的折扣价。这种价格通常根据旅行社或会议组织所带来的客流量以及酒店客房的出租情况来确定。其目的是建立长期和稳定的合作关系，确保酒店能够持续获得稳定的客源，提高客房入住率。

3. 协议价

协议价（合同价）是指酒店与相关公司或机构签订商务协议或合同后，根据协议或合同规定向由合同方介绍的客人提供优惠的客房价格。通常，价格的折扣程度取决于合同方提供的客源数量以及客人在酒店停留的天数（即他们在酒店内的消费水平）。协议价格也被称为商务合同价格。

4. 折扣价

折扣价（优惠价）是指酒店向常客或其他享有特殊身份的客人（酒店会员等）提供的价格折扣。

5. 推广价

推广价（促销价）是指酒店在特定时期为扩大市场份额和吸引客人而推出的优惠价格。

此价格不仅包括住宿和餐饮费用，还可能包括免费提供的交通、娱乐、健身、休闲活动或其他便利服务。

6. 免费价

免费价是指酒店因各种原因为特定客人（例如旅行社、国际会议组织机构、大型外商公司的高级管理人员以及其他对酒店业务发展有重要影响的人士）提供免费住宿房间，以期望在互惠互利的基础上建立良好的合作关系。

7. 小包价

小包价（套餐价）是指酒店为客人提供的一揽子价格，以帮助客人更轻松地规划旅行预算。通常包括住宿费、餐饮费、交通费以及部分旅游门票费用。

8. 家庭租用费用

家庭租用费用（亲子计划价格）是酒店专为带有孩子的家庭提供的价格折扣，旨在鼓励客人在住宿期间享受更多综合服务。

9. 白天租用价

酒店在下列三种情况下，可按白天租用价向客人收取房费：一是客人在凌晨抵店并入住客房；二是客人结账离店超过酒店规定的结账时间；三是客人入住后在当日18点前离店。通常，大多数酒店按其房费的半价收取费用，也有部分酒店按小时收取费用。

10. 淡季价

淡季价是指酒店在业务相对冷清的淡季期间采用的价格策略，旨在刺激需求，吸引客人。通常，淡季价格会在标准价格的基础上降低一定的百分比。然而，需要注意的是，只有在酒店可以实现所需的销售数量并确保盈利增长的前提下，实施淡季价格策略才具有实际意义。

11. 旺季价

旺季价是指酒店在业务繁忙的旺季期间采用的价格策略，旨在最大程度地提高收益。通常，旺季价格会在标准价格的基础上提高一定的百分比。这样的调整有助于酒店在需求旺盛的时期最大程度地实现收益。

二、客房销售艺术

前厅部的主要任务是销售客房，前厅部的客房收入占到酒店总收入的一半以上。为了搞好客房销售，提高客房出租率，前厅部员工必须掌握一定的艺术和技巧，以有效地促成交易。

（一）熟练掌握客房状况

前台接待员需要精通酒店的基本信息以及各种客房类型的特征，即提升专业能力和知识储备。这包括以下方面的内容：酒店的位置、交通便捷程度、星级评定和类型（如商务、旅游、会议等）、装修风格和独特特点，各种客房的大小、朝向、所在楼层、房间布局、设施设备和价格，以及主要竞争对手的产品信息等。只有前台接待员熟悉和掌握了上述信息，才能向客人充分介绍酒店和每个客房的特点，从而促进客人的预订和购买欲望。

（二）针对客人特点推销

前台接待员应当善于根据客人的特征，包括年龄、职业、着装、旅行目的等，来评估客人的支付能力和心理承受力。例如，对于商务旅客，可以重点推荐高档的商务楼层或商务套房，以便他们更好地工作；对于休闲旅游者，可以特别推荐风景优美、宁静舒适的客房，以协助他们放松身心。在向客人介绍客房时，应强调房间的特点，并解释入住此类客房的好处，避免给客人强迫购买的感觉。如有需要，可以引导客人参观客房，以引起他们的兴趣，促进消费。

（三）采用适当的报价方式

（1）逐级报价：把客房的价格按由高到低逐级报价的方式为客人介绍，这种方式适合于消费价格比较高的客人。首先，提供高价位的客房，同时强调房间所附带的各项设施和服务，使客人了解高价的合理性。如果客人不感兴趣，再逐渐向其介绍价格更低的房间。在报价时，要确保价格相对合理，以避免引起客人的不满。

（2）逐渐提升报价：即由低到高报价。这种方式适合于对价格比较敏感的客人。首先提供相对较低的价格，然后逐渐提高价格。但要小心，不要让价格提高到超出客人预期的范围，以免引起客人的不满或导致客人离开酒店。

（3）冲击式报价：首先提供较低价格的房间，然后详细介绍价格中包含的各项服务和设施。这种方式能够给客人一个价格相对低廉的第一印象，从而增强吸引力。

（4）强调价值报价：这种方式首先强调客房的特点、景观和设施，然后报出较高价格。这种方式突出客房的优点，如美丽的风景、优质的服务和舒适的设施，有助于客人接受较高价格的客房。

（5）完整信息报价：先介绍不同类型的客房，然后报出价格，并在最后补充说明价格所包含的各项服务、设施和设备。这种方式将价格置于信息的中间，减弱价格的直观冲击，适用于中高档客房的情况。

（四）熟练运用推销技巧

在进行客房销售的过程中，前台接待员应熟练运用合适的推销技巧，以引导客人进行消费。具体的推销技巧如下。

（1）强调价值法：在向客人推荐客房时，强调房间所提供的实际价值是非常重要的。不仅仅要着眼于价格，而且要突出房间的独特优点和附加价值。例如，当客人对价格产生疑虑时，接待员可以说："虽然这个房间价格稍高，但它配备了豪华的淋浴设备，您可以尝试享受浴室带来的舒适体验。"或者，在向客人介绍高档客房时，可以这样表达："只需再支付100元，您就可以升级到商务客房，那里提供了一台可以免费上网的电脑设备，非常适合您的工作需求。"这种推销技巧将注意力放在客人的受益上，强化了客人对产品价值的认知，从而增加了他们愿意支付的价格限度。

（2）价格分解法：价格通常是客人的敏感因素，因此接待员可以采用价格分解法来降低价格的主观感知。例如，如果某种客房的价格是690元，接待员可以将其中90元的早餐费分解出来，告诉客人房费实际是600元；或者，如果房费内包含了免费洗衣或健身等附加服务，也可以分解出来展示。这种推销技巧可以帮助客人降低对实际价格的感知，促使他们更容易接受。

（3）提供选择法：在销售过程中，客人可能犹豫是否选择本酒店。接待员可以通过提供选择来引导客人思考，而不是让他们离开酒店。例如，接待员可以适时问客人："先生，您是想预订套房还是标准间呢？"通过提供选择，接待员将客人的关注引向选择客房类型的问题上，而不是是否选择下一家酒店的问题。

（五）适时推销酒店的其他服务

除了客房产品，酒店还提供餐饮、娱乐和购物等服务。当客人抵达酒店时，通常会有各种需求，包括用餐、娱乐和购物等。在满足客人需求的同时，接待员可以主动提供咨询服务，以增加酒店的销售收入。例如，当客人深夜抵达酒店，可能因为疲惫而没有机会用餐，接待员可以主动向客人提供客房送餐服务的信息。对于那些清晨抵达酒店的客人，他们可能需要洗衣或熨衣服务，特别是出差或会议需要整洁服装的客人。在这些情况下，接待员可以推荐相应的服务。适时和适度地推销不会引起客人的反感，相反，客人会感激服务人员的周到和关心。这种方式既满足了客人的需求，又有助于提高酒店的综合销售收入。

（六）展示客房

与犹豫的客人进行沟通时，应采取多种措施来消除他们的疑虑。如果客人仍然犹豫不决，可以在必要时引导他们亲自参观不同类型的客房，以增强销售效果，消除客人的担忧，最终确保客人满意地选择入住。即使客人最终未能入住，通过这项服务，也可以使客人对酒店留下深刻的印象，使客人记住额外的服务，从而在未来再次选择光顾本酒店。

（七）促成交易

当发现客人对所推荐的客房表现出兴趣时，可以巧妙地使用语言技巧，鼓励客人做出决策。例如，可以用以下方式结束推销：

"×先生，您愿意尝试住一晚吗？"

"您觉得这个价格合适吗？"

"如果您入住后不满意，我们明天可以为您调换房间。"

"您需要现在办理入住手续吗？"

一旦达成交易，要真诚地对客人表示感谢，并迅速办理入住手续，以减少客人等待的时间。

任务实训

【实训项目】客房销售模拟。

【实训目标】通过实训，学生要了解客房销售的相关知识，掌握客房销售过程中的语言艺术和沟通技巧。

【实训时间】2学时。

【实训步骤】

1.教师事先设计好需要销售客房的基本信息，包括房间号、价格、装修情况等信息。

2.两名学生为一组进行角色扮演，一人扮演酒店员工，一人扮演客人，完成一次客房销售的模拟训练。

3.每组学生互换角色，再进行一次步骤2的实训内容。

4.教师参与过程指导，最后根据学生训练过程中存在的问题进行点评。

【实训标准】

实训形式	以学生的实训和教师的指导点评为主
角色分工	教师作为引导者负责本次实训的过程指导，学生分别扮演酒店员工和酒店的客人
实训重点	1.学生要将自己代入角色。 2.学生在实训过程中遇到难点要及时请教老师。 3.实训结束后，教师针对实训过程中学生存在的问题进行点评和梳理

任务四　前厅数据的收集、分析和应用

在酒店的日常经营过程中，经常会接收到许多客人的信息和数据，包括客人的预订、入住信息，客人的住店信息、饮食喜好，客人的住店频次、客人的消费情况，酒店某个阶段的入住率、评价情况、投诉情况等。那么这些数据对酒店的经营有什么作用吗？要如何收集、分析和应用这些信息呢？请思考并讨论。

收集和分析客户数据

一、前厅数据的收集

在酒店行业中，前厅经营数据是一项关键的管理工具，它可以提供有关酒店的顾客体验、服务质量和运营绩效的报表信息。通过收集和分析前厅经营数据，酒店经营者可以做出明智的决策，改善顾客满意度，提高运营效率，并实现业务增长。

（一）前厅数据类型

1.顾客流量数据

顾客流量数据是指记录酒店每天、每小时或每分钟到访的顾客数量。通过对顾客流量数据的分析，酒店经营者可以了解到访高峰期和低谷期，以便调整服务人员的安排和资源分配。此外，顾客流量数据可以用于评估广告宣传的效果和衡量市场需求。

2.客户基本信息

客户的基本信息包括客户的个人信息，即姓名、性别、年龄、联系方式、国籍等；客户的入住信息，即客户的过往入住记录，包括历史入住房型、入住日期、入住天数和入住频率；以及客户是否为酒店会员及其会员级别。

3.预订数据

预订数据包含预订渠道、预订房型等信息。即客户通过何种渠道进行预订（如官方网站、OTA、电话、现场等）；客户预订的具体房型是什么，如标准间、豪华间、套房等；预订的订单状态是确认、待确认、取消还是修改，各预订状态的占比等。

4.入住与退房信息

包含客人实际的入住和退房时间，客人入住的总人数（可能包括成人和儿童），客户在预订时提出的备注/需求，如无烟房、特殊床型等。

5.财务与支付数据

包括不同房间类型的定价及相关的折扣信息，客户在附加服务（如餐饮、洗衣、SPA、会议等）上的消费，客户选择的支付方式（信用卡、现金、移动支付等），某个阶段的客房、餐饮等收入情况，每日的营业数据等。

6.服务质量与效率

包括前厅办理入住、退房的平均时间，客户等待时间等，通过客户反馈或客户离店填写满意度调查表收集到的服务评价/评分，社交媒体、OTA平台等收集的客户评价信息，客户关于服务或设施的投诉记录及改进建议等。

7.市场和竞争数据

包括根据特定时间段的入住率、事件和假期预测的需求变化，收集到的竞争对手的定价、促销活动、市场策略等信息。

8.运营数据

包括酒店的整体入住情况，包括日、周、月的入住率统计，未被预订或使用的客房比例（空房率），用于评估市场表现；员工绩效数据（包括员工的工作时间、出勤率、排班记录、培训信息、销售额和客户评价等信息）。通过分析员工绩效数据，酒店经营者可以评估员工的工作表现，并提供相应的奖励、培训或反馈。员工绩效数据还可以用于调整工作时间表和优化人员调配，以提高服务质量和运营效率。

（二）数据来源

数据来源是数据分析的基础，决定了分析的准确性和全面性。酒店前厅经营数据的来源可以分为内部和外部两类。内部数据包括酒店管理系统中的预订信息、入住和退房记录、房间使用情况、客户信息等；外部数据则包括市场调查数据、竞争对手数据、行业报告等。确保这些数据的真实性和完整性是第一步。

内部数据的来源可以通过酒店管理系统（PMS）获取。PMS系统记录了所有与客房预订、入住、退房相关的信息。此外，餐饮管理系统（F&B Management System）也记录了餐饮收入和客户消费习惯等信息；此外，通过第三方预订平台、在线评论等统计客户反馈及调查、收集员工日常记录也是获取内部数据的有效途径。外部数据可以通过第三方市场调查公司获取，或者通过公开的行业报告和数据获取。确保数据来源的多样性和可靠性，是进行全面分析的基础。

数据收集的方式包括使用CRM系统（如纷享销客、Zoho CRM）进行客户数据管理；利用酒店管理系统（PMS）和数据分析工具（如Excel、Tableau）进行数据收集整理。

二、前厅数据分析及应用

（一）数据分析方法

1.数据清洗及处理

数据清洗和处理是数据分析的前提，直接影响分析结果的准确性。数据清洗包括去除重复数据、补充缺失数据、纠正错误数据等步骤。数据处理则包括数据转换、数据归一化、数据聚合等步骤。清洗和处理后的数据更加规范和整洁，适合进一步分析。

数据清洗的过程需要耐心和细致，通常需要使用专门的工具和方法。例如，Excel中的数据清洗功能可以帮助去除重复数据和错误数据。数据处理则需要结合具体的分析需求，例如，为了分析客户的消费习惯，可能需要对消费数据进行聚合和分类。通过这些步骤，可以确保数据的质量，提高分析结果的可靠性。

2.数据分析方法

运用统计分析方法进行数据分析：如描述性统计，计算平均值、中位数、标准差等，绘制柱状图、折线图等；也可对统计数据进行相关性分析，分析不同变量之间的关联，如入住率与客户满意度；对统计数据进行趋势分析，通过时间序列分析，观察指标的变化趋势；对数据进行聚类分析，识别客户群体的特征和偏好。

统计分析是常见的数据分析手段，统计分析方法的选择取决于具体的分析目标和数据类型。常用的统计方法包括描述性统计分析、回归分析、时间序列分析等。描述性统计分析用于了解数据的基本特征，例如平均值、中位数、标准差等；回归分析用于研究变量之间的关系；时间序列分析用于预测未来趋势。这些方法可以帮助酒店管理者深入了解经营状况。

描述性统计分析是最基础的分析方法，可以帮助了解数据的总体情况。例如，通过计算入住率的平均值和标准差，可以了解酒店的基本运营情况。回归分析则可以帮助研究不同因素对酒店经营的影响，例如，通过分析房价和入住率的关系，可以优化定价策略。时间序列分析则可以帮助预测未来的经营情况，例如，通过分析历史入住数据，可以预测未来的入住率变化，为经营决策提供依据。

3.数据可视化

数据可视化即将数据分析的结果以图表、仪表盘等形式展示出来，便于理解和决策。常用的可视化工具有Excel、Tableau、Power BI等，这些工具可将数据转化为直观的图表，不仅可以提高信息传递的效率，还可以帮助发现隐藏在数据中的规律和趋势。

目前比较泛用的数据可视化工具是FineBI，它具有强大的数据可视化功能，可以将复杂的数据转化为直观的图表和仪表盘，酒店管理者可以轻松地创建各种类型的图表，例如柱状图、饼图、折线图等，展示不同维度的数据。此外，FineBI还支持动态数据展示，可以实时更新数据，方便管理者随时了解最新的经营情况。

（二）数据分析的步骤

1.将客户数据导入适当的分析工具或软件中，检查数据中的错误、缺失值和异常值，并进行修正或删除。如果需要，对数据进行转换，如日期格式转换、数据类型转换等。

2.计算数据的中心趋势、离散程度、分布情况等统计指标，如平均值、标准差、频率分布等。

3.使用图表、图形或仪表板等方式可视化数据，以便更好地理解数据的特征、趋势和关系。例如，绘制柱状图、折线图、散点图等。

4.将数据集划分为训练集和测试集，用于构建和验证模型；根据分析目标，选择合适的特征，并进行特征提取、选择或转换；选择适当的数据挖掘或机器学习模型，并使用训练集进行模型训练；使用测试集评估模型的性能，并根据评估结果优化模型参数或选择其他模型。

5.根据模型训练和评估的结果，解读模型对客户数据的解释能力；基于模型结果和分析，提取与业务目标相关的洞察、关联或问题；根据洞察、关联和问题，提出相应的建议，并将其与业务决策相结合，例如调整营销策略、个性化服务，优化客户体验等。

6.定期更新客户数据，并进行分析以获得最新的洞察；跟踪关键业务指标（KPI），以评估分析结果对业务的影响和效果；根据分析和监测结果，持续改进数据收集、分析方法和业务策略。

（三）数据应用

1.优化服务策略：根据客户行为数据，调整服务流程，提升客户体验；通过客户反馈优化服务质量，提高客户满意度。

2.精准营销：分析客户偏好和消费习惯，制定个性化的营销策略；识别高价值客户群体，进行针对性推广。

3.运营优化：通过入住率和收入数据，优化客房定价策略；分析员工工作效率，优化人员配置。

4.成本控制：分析运营成本，如人力成本、物料成本，寻找节约空间。

例如，某酒店通过对经营数据进行收集和分析，发现了影响入住率的关键因素，从而优化了营销策略，提高了入住率和客户满意度。该酒店的具体做法如下：首先收集了包括预订信息、入住记录、客户反馈等在内的多种数据来源。然后，使用FineBI进行了数据清洗和处理，确保数据的准确性和完整性。接下来，应用描述性统计分析和回归分析，发现了房价、季节、客户评分等因素对入住率的影响。最后，通过FineBI的可视化功能，将分析结果展示给管理层，帮助其优化了营销策略，提高了经营效果。

通过这个案例我们也可以感受到前厅数据收集和分析的重要性，不仅可以帮助管理者快速发现和分析经营问题，还可以通过快速的数据分析和直观的可视化展示，提高分析结果的理解和应用效果。

任务实训

【实训项目】使用PMS系统建立客史档案

【实训目标】通过本次实训，能够熟练操作PMS系统，能够使用PMS系统建立客史资料，并导出相关数据，进行简单数据分析，培养数据思维。

【实训时间】2学时。

【实训步骤】

1.教师事先制定好某个时间段或者某个酒店的客史资料。

2.学生操作PMS系统，管理客史档案，并导出相关报表，并进行简单分析。

3.教师点评学生的操作，最后就一些学生较难掌握的知识点进行补充讲解。

【实训标准】

实训形式	以学生的实训和教师的指导点评为主
角色分工	教师作为引导者负责实训的过程指导，学生使用PMS系统按照要求独立完成客户档案的建立。
实训重点	1.学生在实训过程中要遵守纪律，实训结束后再进行讨论，确保独立完成每一步操作。 2.学生在实训过程中遇到不会的步骤可以记录下来，实训结束后与老师、同学讨论。 3.实训结束后，教师针对实训过程中学生存在的问题进行点评梳理

项目六　酒店管理系统应用与操作

酒店管理系统是一种集成了多个功能模块的软件系统，旨在帮助酒店管理者和员工高效地管理酒店的各项业务和运营活动。该系统通过自动化和集中化的方式，整合酒店的各个部门和业务流程，提供实时的数据管理、分析和报告功能，以提升酒店的运营效率、客户满意度和盈利能力。

目前比较常见的酒店管理系统有Opera PMS、IDS Next、Fidelio Suite8、Protel、Amadeus PMS、e住行PMS等，它们的基本功能包括预订管理、客户管理、入住管理、房务管理、财务管理、报表分析、员工管理、销售和营销管理等。酒店管理系统的作用是提供一个集中、自动化和高效的平台，使酒店管理者和员工能够更好地管理和运营酒店，提供优质的客户服务，实现酒店的长期发展和盈利能力。

学习引导

某三线城市有一家营业了十多年的酒店。过去，该酒店使用传统的手工方式来处理预订、客房分配、账务等事务。每天，前台人员需要手动录入订单信息，并且需要整理许多表格和票据等，与其他部门的沟通通常依赖于纸质记录和口头交流。也是因为这样，酒店时不时会出现预订错误、客房分配混乱以及员工花费大量时间在烦琐的手工工作上的情况，并且由于工作量较大，前台员工的离职率也十分高。

2022年后，该酒店引入了一套先进的PMS，该系统集成了预订管理、客房分配、账务等功能。

使用PMS之后，酒店的管理工作发生了翻天覆地的变化：首先是前台员工的稳定性提高了，以往几乎每月都会有前台员工离职，但现在前台员工的离职率明显降低了；然后是酒店的口碑问题，虽然酒店只升级了管理系统，并未升级房间等设施，但是酒店在美团等平台上的好评率明显提高了。究其原因，还是酒店使用了合适的PMS。前台员工不再需要花费大量时间手动录入信息和进行调整，而是可以专注于提供更好的客户服务，提高了工作效率；同时PMS的自动化减少了人为错误的发生，提高了客户满意度；自动化和智能化的管理减少了人力成本和资源浪费，酒店运营更加高效。

【点评】

酒店PMS通过集成前台、客房、餐饮等多个部门的信息和操作，实现了全面的业务管

项目六　酒店管理系统应用与操作

理。从预订到结算，PMS使烦琐的任务实现了自动化，优化了入住流程，降低了发生错误的风险，使酒店能够更迅速、精准地满足客户需求。同时，实时数据分析功能帮助管理层深入了解业务状况，支持智能决策，提高收入和资源利用率。通过客户关系管理和个性化服务，酒店可以提高客户忠诚度，提升口碑。总之，PMS不仅可以提高内部协同效率，也可以为酒店带来更好的经济效益和竞争力。

📚 学习目标

知识目标

1. 了解酒店管理系统PMS的常见功能及主要作用。
2. 学习PMS的常见功能。

技能目标

1. 掌握使用PMS办理订房、入住、退房等的操作流程。
2. 掌握PMS的订单及账务查询功能。
3. 会使用PMS进行订单管理、房态管理、报表管理等。

素养目标

1. 培养学生的学习能力和实践能力。
2. 使学生养成勤于思考、勤于动手、脚踏实地的学习态度和生活态度。

认识酒店管理系统PMS

任务一　PMS系统认知

PMS指的是酒店管理常见工具之一"Property Management System"，即酒店管理系统。PMS是一个综合性的软件系统，旨在帮助酒店管理人员有效地管理酒店的各个方面，从客房预订和房态管理到财务管理和客户关系管理等。它是酒店运营的核心工具之一，PMS界面如图6-1所示。

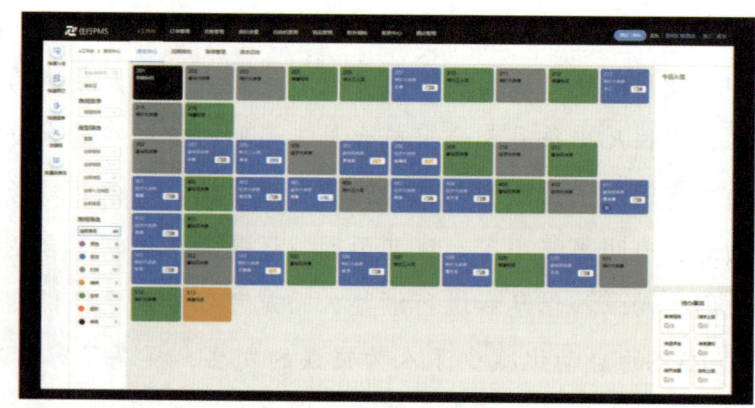

图6-1　PMS界面

一、PMS的常见功能

（一）客房预订和房态管理

PMS允许酒店管理人员管理客房的预订和分配，跟踪房间的入住和退房情况，以及管理房间的清洁和维护状态。它提供了实时的房态信息，使管理人员可以及时做出决策和调整。

（二）入住管理

管理客户的入住信息，包括入住时间、离店时间、房间分配等。系统可以生成入住登记表、客户账单等相关文件。

（三）客户管理

记录和管理客户的个人信息、联系方式、消费偏好等，以便更好地了解客户需求、提供个性化服务和进行客户关系管理。

（四）房务管理

跟踪和管理客房的状态、清洁和维护情况。酒店员工可以使用系统来记录客房的清洁进度、维修需求等，以确保客房舒适和整洁。

（五）财务管理

管理酒店的财务数据和流程，包括收入、支出、成本控制、财务报表等。系统可以自动生成财务报表、账务凭证等，方便酒店管理者进行财务分析和决策。

（六）报表分析

系统内可以根据酒店的经营数据生成各种报表和分析图表，包括酒店经营日报表、周报表、月报表等。通过报表可以分析酒店的经营情况，如客房出租率、收入分析、客户满意度等。这些报表和分析可以帮助酒店管理者了解酒店的经营状况，识别问题和机会，并做出相应的调整和决策。

（七）员工管理

管理酒店员工的信息、工作时间表、工资等。系统可以帮助酒店管理者进行人员调度、绩效评估、工资计算等，从而提高员工管理效率。

（八）销售和营销管理

支持酒店的销售和营销活动，包括会员管理、市场推广、促销活动等。系统可以帮助酒店管理者跟踪销售业绩、分析市场趋势，以及制定和执行营销策略。

PMS的目标是提供一个集中、自动化和高效的平台，使酒店管理者和员工能够更好地管理和运营酒店，提供优质的客户服务，实现酒店的长期发展和盈利。

二、酒店使用PMS的意义

酒店使用PMS有许多好处。相对于传统的手工管理，通过酒店管理系统能够对所有的数据进行智能化的管理，让商家告别烦琐的手工记账，降低了出错率；同时，重复的数据记录和报表生成工作交给计算机系统完成也能节省人力成本；还能对数据进行统计分析，让商家能够随时随地根据数据进行营销方案的策略调整。具体的作用如下。

（一）提高运营效率

PMS可以集中管理酒店的各个方面，包括预订、入住、客房、结账等。通过自动化和集成化的处理，PMS可以减少人工操作，减少纸质文件的使用，在提高工作效率的同时也能减少浪费。例如，酒店可以通过PMS实时查看客房的预订情况，自动处理入住手续，快速结账等，节省了大量的时间和人力资源。

（二）提供个性化服务

PMS可以记录和管理客户的个人信息、消费记录，进而分析客人的消费偏好等。通过这些信息，酒店可以了解客户的需求，提供个性化的服务。例如，酒店可以根据客户的偏好提前准备好客房内的设施和用品，提供特殊的餐饮服务等，提高客户的满意度和忠诚度。

（三）实时数据分析

PMS可以实时跟踪和记录酒店的各项数据，包括预订率、入住率、客房收入、客户满意度等。通过这些数据，酒店可以进行实时的数据分析和报表生成，了解酒店的运营状况和趋势，做出相应的调整和决策。例如，酒店可以根据预订率和入住率的情况来制定房价策略，合理调整房价，提高收入和利润。

（四）提高客户满意度

PMS可以帮助酒店提供更加便捷和高效的服务，提高客户的满意度。例如，酒店可以通过与PMS相关联的软件、小程序等提供在线预订和自助入住等服务，减少高峰期客人的等待时间，同时客人可以足不出户地进行客房选择，节省时间。此外，PMS还可以记录客户的偏好和历史浏览、预订记录，提供个性化的推荐，使客人感到被重视和关心。

（五）提高财务管理效率

PMS可以管理酒店的财务数据和流程，包括收入、支出、成本控制、财务报表等。通过PMS，酒店可以实时了解财务状况，进行财务分析和决策，提高财务管理效率和准确性。此外，PMS还可以自动生成财务报表和税务报表，减少人工操作和发生错误的风险。

（六）作为酒店信息处理的核心工具

在酒店的日常工作中，一线对客服务部门通常会接触大量的客人信息，如客人在入住登记时填写的姓名、职务、民族、宗教信仰等资料，客人在餐饮区域消费时的饮食禁忌和习惯。客人在入住客房后所穿拖鞋放在床的哪一侧等生活习惯，客人是否为左撇子等，这些信息应被作为最重要的客史信息加以利用和保存。

（七）减少对第三方平台的依赖

酒店使用PMS及自己的预订平台可以减少对第三方预订网站的依赖，减少佣金支出，提高利润空间；同时可以直接与客户建立联系，提供个性化的服务和优惠，提高客户忠诚度；另外，酒店可以通过自己的预订平台更好地管理房态和价格，提高运营效率和收益。

一个好的酒店管理系统应当提供"信息找人"的操作模式，而如果是"人找信息"就会延误服务时机。"信息找人"的模式主要体现在当操作人员录入客人姓名或房号等相关信息时，系统能自动提示该客人的习惯等"档案"资料，为操作人员的个性化服务策略提供方便。这时酒店管理系统的作用就彰显出来了，酒店的二线管理部门可以通过系统对管理信息进行分析，达到降低成本、节约费用的目的，顺利实行优化管理方案。PMS的功能特点如表6-1所示。

表6-1　PMS的功能特点

系统特点	详细介绍
能省钱	1.降低学习成本：操作简单 2.节省运维成本：酒店无须配置IT人员，所有维护都可云端进行，统一维护 3.规避财务漏洞，保护员工

续表

系统特点	详细介绍
会赚钱	1.支持微信&支付宝扫码收款、原路退款 2.提供会员营销系统、微信预订供酒店拓展自有客源，做私域流量，免付佣金 3.支持分销功能、会员裂变、优惠券，营销功能强大，帮酒店卖更多客房
技术先进	1.采用SaaS（软件运营服务）架构+区块链技术实现，采用中台理念搭建数据中台机应用中台 2.完美适用多个平台和终端：PC电脑、iPAD、安卓PAD、手机皆可使用 3.使用方便，免安装随时随地可使用
安全稳定	1.极致稳定：阿里云、腾讯云、百度云实时同步，数据安全，保障酒店数据资产 2.采用TOKEN+密钥机制，与支付宝、微信的安全机制相同
功能强大	1.云端数据同步 2.OTA直连，对接携程、艺龙、去哪儿、美团、飞猪 3.提供老板助手手机查报表、看房态、看营收 4.可对接门锁、身份证阅读器、打印机 5.扩展性好，提供全套API支持对接智能设备及第三方软件 6.系统功能开放，支持单体酒店和连锁集团使用

任务实训

【实训项目】说说有哪些常见的酒店管理系统。

【实训目标】通过实训，学生能够加深对酒店管理系统的了解。

【实训时间】1学时。

【实训步骤】

1.将学生进行分组，每组控制在4～6名学生。

2.每个小组就酒店管理系统的种类和功能进行讨论。

3.讨论结束后，每组选1～2名学生总结常见的酒店管理系统及其功能。

4.最后教师就每个小组的讨论情况进行点评并总结。

【实训标准】

实训形式	以学生自由讨论和教师总结为主
角色分工	每个小组的学生自行分工，确定谁最后代表小组发言

续表

| 实训重点 | 1.学生需根据所学知识和日常经验将所知道的酒店管理系统一一列举出来，并讨论它们分别有哪些功能。
2.讨论的过程就是温故知新的过程，每个学生务必认真参与 |

任务二　PMS入住退房操作

使用PMS办理入住与退房

相信很多人都有入住酒店的经历，一般的入住流程是客人到达酒店前台后，提供有效的身份证件（通常是身份证或护照），前台工作人员核对预订信息，确认房间类型和入住日期等信息后，为客人办理入住手续，发放房卡或钥匙，并告知酒店的相关规定和设施使用方法。退房时，客人需要将房卡或钥匙交还给前台工作人员，前台工作人员核对客人的房费和押金支付情况，确认无误后办理退房手续。

那么，在为客人办理入住和退房手续时，酒店前台工作人员是怎么操作的呢？请思考并讨论。

一、办理入住与退房的操作流程

（一）使用PMS办理无预订入住

使用PMS办理订房的关键在于准确填写客人的信息，以及入住日期，离店日期、房型、房号等，具体的操作流程如下。

登录系统：前台工作人员打开PMS，并输入个人账号和密码登录系统。

创建订单：在系统首页或相应页面上选择"订房"或"新建订单"选项。

输入客人信息：填写客人的基本信息，如姓名、联系方式、身份证号等。有些PMS可以自动识别会员信息，如果是酒店的会员且在系统内有档案的，可以自动识别并填充客人信息，这时候需要注意检查客人信息（联系方式等）是否有变更，如果信息确认无误即可单击"保存"按钮。

选择入住日期和离店日期：在系统中选择客人的入住日期和离店日期。系统会自动计算入住天数。

选择房间类型和房间号：根据客人的需求和房间的可用情况，在系统中选择合适的房间类型和房间号码。系统会显示该类房间的价格和可用数量。

确认订单信息：系统会自动生成订单并显示客房价格和支付方式。前台工作人员需要核对订单信息，确保无误。如果客人有特殊要求，可以在创建订单时添加备注或特殊要求。

确认支付方式：根据客人的支付需求，选择合适的支付方式，如现金、信用卡、支付宝等，订单无误即可请客人确认支付方式，完成订单支付。

完成订单：在确认订单信息和支付方式后，单击"确认开房"按钮或类似选项，系统会生成一个订单号，并将订单状态改为已确认。

打印订单确认单：前台工作人员可以选择打印订单确认单，交给客人作为入住凭证。有些PMS支持电子签名功能，可以让客人在系统上签署确认单。

更新房态：客人支付房费成功后，PMS上的订单状态会自动变更为"已支付"，并且客人的入住信息会同步记录在系统中。而办理完入住后，该订单里面的房间状态会自动更新为"在住"，在"房态管理"功能里面即可查看房态信息。

知识链接

使用PMS进行无预订入住的操作流程。

使用PMS系统进行无预订入住的操作流程

（二）使用PMS办理有预订入住

前台工作人员在办理入住的过程中，会发现有些订单是客人提前预订好的，当客人到达酒店时，前台工作人员为客人办理入住手续就会变得简单许多，具体的步骤如下。

登录系统：前台工作人员打开PMS，并输入个人账号和密码登录系统。

查询订单：在系统首页或相应页面上选择"入住"或"查询订单"选项。

输入订单号或客人信息：输入客人的订单号或姓名、联系方式等信息，系统会自动搜索到相应的订单。

确认订单信息：系统会显示客人的订单信息，包括姓名、入住日期、离店日期、房间类型、房间号等。前台工作人员需要仔细核对订单信息，确保无误。

验证客人身份：根据酒店政策和要求，前台工作人员需要验证客人的身份证或其他有效证件信息，这一步很重要。有些PMS可以对接自助入住装置，支持在自助机上刷身份证、识别人脸自动验证客人信息。

房间费用结算：PMS会根据客人的入住日期和房间价格自动计算房费。前台工作人员可以在系统中确认房费，并提供不同的支付方式供客人选择，如现金、信用卡、支付宝等。

收取押金：根据酒店政策，前台工作人员可能需要收取客人的押金。系统会显示押金金额和支付方式，可以选择现金、信用卡、支付宝等进行支付。

办理入住手续：确认订单信息后，在系统页面单击"入住"或类似选项，完成这个步骤后系统默认客人已经入住，客人的门锁（小程序开锁、身份证开锁或者门卡开锁）就可以激活，系统会将客房状态变更为"在住"。

打印入住单：前台工作人员可以选择打印入住单，交给客人作为入住凭证。有些PMS支持电子签名功能，可以让客人在系统上签署入住单。

房卡/钥匙自主选择：客人可根据自身需求选择房间钥匙，可以选择传统的ID卡。如果客人觉得携带房卡不方便，也可以选择使用身份证作为房间钥匙，还可选择使用小程序的"一键开锁"功能进行开锁。

提供其他服务：根据客人的需求，前台工作人员可以提供其他服务，如提供旅游咨询、叫醒、行李寄存等服务。

生成报表和统计数据：PMS会自动生成入住报表和统计数据，包括入住率、房间收入等，方便酒店管理和分析。

使用PMS办理入住可以提高效率、减少错误，并提供更好的客户服务体验。同时，系统还可以自动生成报表和统计数据，方便酒店管理和分析。

知识链接

使用PMS进行有预订入住的操作流程。

使用PMS系统进行有预订办理入住的操作流程

（三）使用PMS进行退房

当客人准备退房时，前台工作人员可以使用PMS来办理退房手续。下面是具体的步骤，可供参考。

登录系统：前台工作人员打开PMS，并输入个人账号和密码登录系统。

查询订单：在PMS首页或相应页面上选择"退房"或"查询订单"选项。

输入订单号或客人信息：输入客人的订单号或姓名、联系方式等信息，系统会自动识别并匹配到相应的订单。

确认订单信息：PMS会显示客人的订单信息，包括姓名、入住日期、离店日期、房间类型、房间号等。前台工作人员需要核对订单信息，确保无误。

确认退房日期：根据客人的要求和酒店政策，确认客人的退房日期和时间。

结算房费：PMS会根据客人的入住日期和房间价格自动计算房费。前台工作人员可以在PMS中确认房费，并提供不同的支付方式供客人选择，如现金、信用卡、支付宝等。

处理押金退还：如果客人已支付押金，前台工作人员需要根据酒店政策和客人的实际情况，处理押金的退还。PMS会显示押金金额和退还方式，可以选择现金、信用卡、支付宝等进行退还。

生成账单和结算单：PMS会根据客人的房费和押金信息生成账单和结算单。前台工作人员可以与客人沟通选择是否打印纸质账单和结算单（如果是通过PMS相关联的App、小程序生成的订单，客人可以在手机上接收到相关凭证）。如果需要打印，前台工作人员打印好后将其交给客人作为退房凭证。

办理退房手续：确认房费和押金退还后，前台工作人员将客人的退房信息记录在PMS中，并将订单状态更新为"已退房"。

更新房间状态：在PMS中将客人所住房间的状态更新为"已退房"后，客房清洁人员应当立即进行房间清理和维护，并将清理干净的客房状态变更为"空房"或是"可用房"等。

进行客户满意度调查：有些PMS具有客户满意度调查功能，前台工作人员可以在系统中进行问卷、接受评价等方式的客人消费满意度调查，并记录客人的反馈意见。

提供其他服务：根据客人的需求，PMS还可以提供其他服务，如行李寄存、叫车服务等。

使用PMS办理退房可以提高效率、减少错误，并提供更好的客户服务体验。同时，系统还可以自动生成账单和结算单，方便酒店管理和分析。

知识链接

使用PMS进行退房操作的流程。

使用PMS系统进行退房操作的流程

二、注意事项

尽管使用PMS办理预订、入住和退房的操作都是常规操作，但仍有一些细节需要注意。下面列举的是操作PMS的一些注意事项。

1.确保系统稳定性

在办理开房入住和退房手续之前，要确保PMS的稳定性和正常运行。如果系统出现故障或网络问题，可能会导致操作延迟或错误。

2.核对客人信息

在办理入住和退房手续时，务必仔细核对客人的个人信息，包括姓名、身份证号码、联系方式等。确保信息准确无误，以免发生混淆或错误。

3.清楚了解酒店政策

在办理入住和退房手续之前，前台工作人员需要清楚了解酒店的入住政策和退房政策。这包括入住时间、退房时间、押金金额、退还方式等。确保按照酒店政策进行操作。

4.确认房间状态

在办理入住手续之前，前台工作人员需要确认房间的状态是否可供入住。如果有房间需要临时清洁或维修，应及时通知相关人员处理，避免给客人带来不便。

5.确认房费和押金金额

在办理入住和退房手续时，前台工作人员需要确认房费和押金金额是否正确。系统会自动计算房费，但仍需核对和确认，以免发生错误或纠纷。

6.处理押金退还

如果客人支付了押金，在办理退房手续时，前台工作人员需要根据酒店政策和客人的实际情况，处理押金的退还。确保按照规定的方式和时间进行退还。

7.确认退房日期和时间

在办理退房手续时，前台工作人员需要确认客人的退房日期和时间。确保客人按时退房，以便及时清理和准备房间。

8.保护客人隐私

在使用PMS办理入住和退房手续时，前台工作人员需要保护客人的隐私信息。确保客人的个人信息不被泄露或滥用。

9.提供良好的客户服务

在办理入住和退房手续时，前台工作人员需要提供良好的客户服务，包括礼貌待客、解答疑问、提供帮助等，确保客人有一个愉快的入住和退房体验。

10.及时更新系统信息

在办理入住和退房手续后，前台人员需要及时更新PMS中的信息，包括房间状态、订单状态等，确保系统的准确性和实时性。

遵守以上注意事项，能够确保使用PMS办理开房入住和退房手续的顺利进行，并提供良好的客户服务体验。

任务实训

【实训项目】使用PMS办理退房。

【实训目标】通过实训，学生要熟练掌握使用PMS进行订单查询、办理退房等操作的方法和注意事项。

【实训时间】2学时。

【实训步骤】

1.教师预先设计好办理退房的订单的主要信息，包括客人姓名、入住时间、房号、房间数等内容。

2.两名学生为一组进行角色扮演，一人扮演前台工作人员，一人扮演客人，完成一次客人的退房办理训练。

3.学生互换角色，再进行一次步骤2的实训内容。

4.教师参与过程指导，最后根据学生操作过程中存在的问题进行点评。

【实训标准】

实训形式	以学生实训操作和教师的指导点评为主
角色分工	教师作为引导者负责实训的过程指导，学生分别扮演前台工作人员和客人
实训重点	1.学生要将自己代入到角色中，在实训过程中要注意牢记自己的角色。 2.学生在实训过程中遇到不懂的步骤要及时请教老师。 3.教师最后需要就本次实践进行总体的点评和总结。 4.实训结束后，作为"客人"的学生可以就"前台工作人员"的服务情况给予点评，并提出相关建议

任务三　PMS订单与账务查询

掌握PMS订单及账务查询功能

我们已经知道，PMS是酒店管理的核心软件，它集成了预订管理、房态管理、账务管理、客户关系管理等功能，可以帮助酒店提高管理效率、优化客户体验，并实现收入最大化。

那么，PMS各功能模块的作用是什么呢？酒店客人的订单要怎么记录和查询呢？请思考并讨论。

一、PMS功能模块

PMS通常提供订单和账务查询功能，以方便酒店管理和客户服务。下面是PMS常见的订单和账务查询功能，如图6-2所示。

图6-2　PMS功能模块

1.订单查询功能

根据客人姓名、订单号、入住日期、离店日期等搜索条件进行查询。

可以查询目标订单的详细信息，包括客人姓名、联系方式、预订房型、入住日期、离店日期、预订渠道等。

可以查看订单的状态，如已确认、已入住、已取消等。

可以通过订单查询功能进行订单的修改、取消和补充信息等操作。

2.房态查询功能

可以显示酒店各个房间的状态，如已入住、预订、空闲、清扫中、维修等，如图6-3所示。

可以根据日期范围查询房态，以了解特定日期的房间情况。

可以进行房态的修改和调整，如标记房间为清扫中、维修中等。

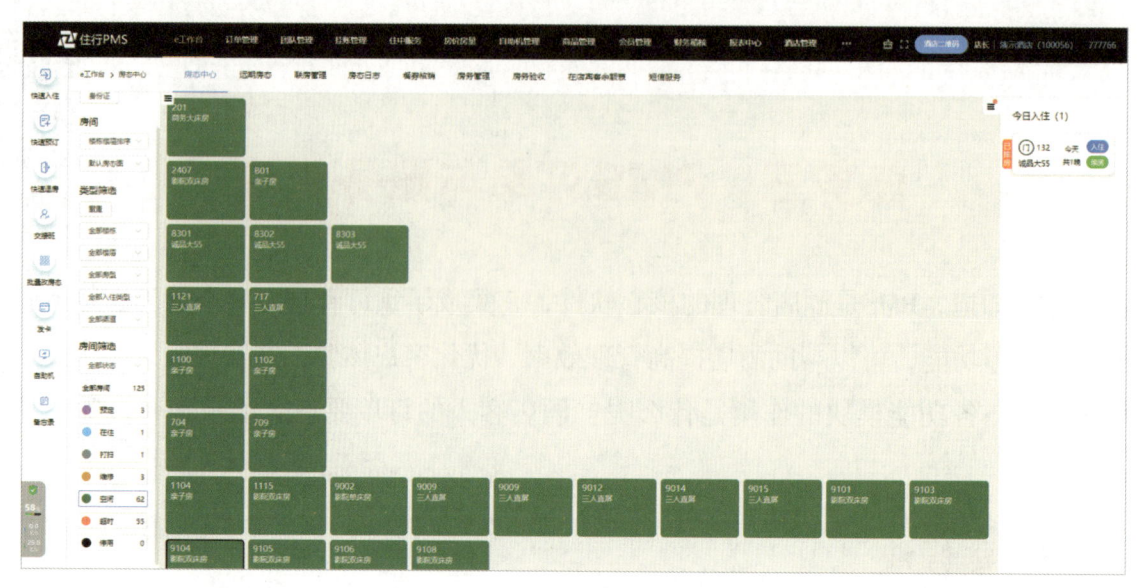

图6-3 房态查询

3.账务查询功能

可以查询客人的账单和结算情况，包括房费、服务费、押金等。

可以查看账单的详细信息，如消费项目、金额、日期等。

可以进行账单的结算操作，如收款、退款等。

可以生成账单报表，方便进行核对和统计。

4.收款查询功能

可以查询酒店的收款情况，包括现金、信用卡、支付宝、微信等渠道的收款记录。

可以查看收款记录的详细信息，如金额、日期、收款方式等。

可以生成收款报表，方便进行核对和统计。

5.消费查询功能

可以查询客人的消费情况，包括餐饮、服务、电话等消费项目。

可以查看消费明细，包括消费项目、金额、日期等。

可以进行消费的结算操作，如收款、退款等。

6.退款查询功能

可以查询酒店的退款情况，包括退房退款、取消订单退款等。

可以查看退款记录的详细信息，如金额、日期、退款方式等。

可以生成退款报表，方便进行核对和统计。

7.报表查询功能

可以生成各种报表，如日报、月报、年报等。

报表可以包括订单统计、收款统计、消费统计等内容。

可以根据需要选择报表的时间范围和内容。

报表可以导出为Excel、PDF等格式，方便进行数据分析和决策。

二、订单及账务查询操作

（一）操作流程

操作PMS的订单和账务查询功能可能会因具体的需求和目的而有所差异，具体流程如下。

登录系统：打开PMS的登录页面，输入用户名和密码进行登录。

进入订单查询界面：在系统主页或导航栏中找到订单查询功能入口，单击进入订单查询界面。

输入查询条件：在订单查询界面中，根据需要输入查询条件，如客人姓名、订单号、入住日期、离店日期等。也可以选择其他筛选条件，如订单状态、预订渠道等。

单击"查询"按钮：输入完查询条件后，单击"查询"按钮执行查询操作。

查看订单列表：系统会根据查询条件显示符合条件的订单列表。可以通过滚动或翻页浏览订单列表。

查看订单详情：单击订单列表中的某个订单，系统会显示该订单的详细信息，包括客人姓名、联系方式、预订房型、入住日期、离店日期、预订渠道等。

修改订单：如果需要修改订单信息，可以单击订单详情页中的"编辑"或"修改"按钮进行相应操作。根据系统的不同，可能需要填写修改的字段或选择修改的选项。

取消订单：如果需要取消订单，可以单击订单详情页中的"取消"或"删除"按钮进行相应操作。根据系统的不同，可能需要填写取消订单的原因或选择取消的选项。

补充订单信息：如果需要补充订单的其他信息，可以单击订单详情页中的"补充"或"添加"按钮进行相应操作。根据系统的不同，可能需要填写补充的字段或选择补充的选项。

进入账务查询界面：在系统主页或导航栏中找到账务查询功能入口，单击进入账务查询界面。

输入查询条件：在账务查询界面中，根据需要输入查询条件，如客人姓名、订单号、日期范围等。也可以选择其他筛选条件，如账单状态、支付方式等。

单击"查询"按钮：输入完查询条件后，单击"查询"按钮执行查询操作。

查看账单列表：系统会根据查询条件显示符合条件的账单列表。可以通过滚动或翻页浏览账单列表。

查看账单详情：单击账单列表中的某个账单，系统会显示该账单的详细信息，包括消费项目、金额、日期等。

结算账单：如果需要进行账单的结算操作，可以单击账单详情页中的"结算"或"收款"按钮进行相应操作。根据系统的不同，可能需要选择收款方式或填写结算金额。

生成报表：如果需要生成报表，可以在系统主页或导航栏中找到报表查询功能入口，单击进入报表查询界面。根据需要选择报表类型、时间范围等，然后单击"生成报表"按钮。

下载报表：系统会生成报表，并提供下载链接。单击下载链接可以将报表保存到本地，以便进行数据分析和决策。

（二）注意事项

在操作PMS的订单和账务查询功能时，有一些事项需要注意。

确认权限和角色：在使用PMS之前，需要确认是否具有足够的权限和角色来进行订单和账务查询。有些功能可能需要管理员或特定的用户才能访问和操作。

理解查询结果：在查询订单和账务时，要仔细理解查询结果中的各个字段和信息。了解每个字段的含义和作用，以便正确解读查询结果。

使用过滤器和排序功能：PMS通常提供过滤器和排序功能，可以根据需要筛选和排列查询结果。熟悉这些功能，并根据需要使用它们来快速找到所需的订单或账务信息。

注意时间范围：当进行日期范围查询时，确保选择正确的时间范围。选择过大的时间范围可能导致查询结果过多，而选择过小的时间范围可能会错过所需的订单或账务信息。

交叉验证信息：在查看订单详情或账单详情时，交叉验证各个信息的准确性。比如，核对客人的姓名、联系方式和预订房型是否与实际一致。

谨慎修改订单：在修改订单时，确保填写正确的修改信息，并在修改前仔细核对信息。一旦修改订单，可能会影响客人的预订和酒店的运营，因此需要谨慎操作。

注意订单状态变化：订单状态可能会随着时间和操作的变化而改变。在查询订单时，注意订单的状态，以便了解订单的进展和处理情况。

确认账单金额和支付方式：在结算账单时，仔细核对账单的金额和支付方式。确保金额准确无误，并选择合适的支付方式进行结算。

导出报表时选择正确的格式：PMS通常支持多种报表导出格式，如Excel、PDF等。根据需要选择正确的导出格式，以便后续使用和分析。

定期备份数据：为了防止数据丢失或损坏，定期备份PMS的数据是非常重要的。确保有可靠的备份机制，并将备份数据存储在安全的地方。

及时更新系统和补丁：PMS通常会发布更新和补丁，以修复漏洞和改进功能。及时更新系统和应用补丁，以确保系统的安全性和稳定性。

培训和培养技能：对于使用PMS的员工，提供培训和培养技能的机会是非常重要的。确保员工熟悉PMS的操作流程和功能，以提高工作效率和准确性。

关注异常情况：在查询订单和账务时，特别关注异常情况，如取消订单、退款、欠款等。及时处理这些异常情况，以避免对客人和酒店造成不必要的影响。

留意备注和内部信息：PMS通常允许在订单和账务中添加备注和内部信息。仔细阅读和理解这些备注和内部信息，以获取更全面的订单和账务信息。

学习使用快捷键和快速搜索功能：为了提高工作效率，熟练掌握PMS的快捷键和快速搜索功能是非常有帮助的。这些功能可以帮助用户快速定位和操作所需的订单和账务信息。

保持数据的一致性：在进行订单和账务查询时，确保数据的一致性。比如，核对订单和账单中的客人姓名、房间号、日期等信息是否一致，避免因数据不一致而导致的混淆和错误。

了解报表和统计功能：PMS通常提供报表和统计功能，用于分析和监控订单与账务情况。学习如何使用这些功能，可以帮助用户获得更深入的数据分析和决策支持。

及时清理冗余数据：定期清理PMS中的冗余数据，如已完成的订单和过期的账务信息。清理冗余数据可以提高系统的性能和效率，同时减少数据混乱和发生错误的可能性。

密切关注系统通知和警报：PMS通常会发送通知和警报，提醒用户有关订单和账务的重要信息和事件。密切关注这些通知和警报，以及时采取必要的行动和处理措施。

及时反馈问题和建议：如果在使用PMS的订单和账务查询功能时遇到问题或有建议，应及时向系统供应商或技术支持团队反馈。这有助于改进系统的功能和用户体验。

以上是操作PMS订单和账务查询功能时需要注意的详细事项。这些注意事项可以帮助用户更好地使用PMS，并确保订单和账务查询的准确性和可靠性。

三、重要意义

（一）订单查询的意义

实时信息获取：酒店PMS能够即时更新和显示客人的预订信息。员工可以随时查看订单状态、客人信息、预计抵达时间等，确保及时处理入住和预订相关事宜，提供更快速和高效的客户服务。

优化房态管理：通过PMS，酒店管理层可以实时了解房间的占用情况和可用性。这有助于有效安排房间资源，避免房间超售或闲置，最大化利用酒店的客房收益，提升经营效率。

提高客户服务质量：PMS的订单查询功能使前台员工能够快速查找客人的预订历史、偏好和特殊要求。这有助于提供个性化服务，满足客人需求，提高客户满意度和忠诚度，为酒店带来更多的复购和口碑推广。

防止预订冲突：通过PMS，酒店可以轻松检查房间的可用性，避免因多次预订同一房间而导致的预订冲突和客户投诉，提升预订准确性和客户体验。

提供数据分析支持：PMS记录了大量订单数据，酒店可以通过数据分析了解客户预订习惯、高峰时段和需求趋势，从而制定更有效的市场营销策略，增加收入和市场份额。

（二）系统直接进行账务查询的意义

财务数据实时监控：通过PMS的账务查询功能可以实时查看收入、支出和利润等财务数据。这有助于管理层及时了解酒店的财务状况，做出相应的调整和决策，保持财务稳健。

确保财务准确性：PMS记录了所有交易的详细信息，包括付款记录、发票和账单。通过账务查询，酒店可以核对各项财务数据，确保准确性和完整性，降低财务风险。

预算和成本控制：PMS的账务查询功能让酒店可以实时查看各项费用和成本。这有助于管理层控制预算，优化成本结构，提高酒店经营效率，实现更有效的成本控制。

方便对账核对：酒店可以通过PMS的账务查询功能与合作伙伴、第三方渠道进行对账核对。这确保了财务数据的一致性，减少了误差和纠纷的发生，维护了良好的合作关系。

支持税务报表：PMS的账务查询功能可以生成税务报表和财务报告，帮助酒店及时履行税收义务，遵循相关法律法规，保持合规经营。

使用PMS查询订单及账务可以省去许多人工成本，及时获取客人消费信息，提高工作效率，优化房态管理，提供优质客户服务，确保财务数据准确性，支持业务决策，帮助酒店实现更高效、更智能的运营和管理，从而在竞争激烈的市场中取得优势和成功。

任务实训

【实训项目】使用PMS查询、修改订单。

【实训目标】通过实训，学生要熟练掌握使用PMS进行订单管理的操作方法和注意事项。

【实训时间】2学时。

【实训步骤】

1.教师预先设计好需要修改的订单的主要信息，包括客人姓名、入住时间、房号、房间数等内容。

2.两名学生为一组进行角色扮演，一人扮演前台工作人员，一人扮演客人，完成一次订单修改操作。

3.学生互换角色，再进行一次步骤2的实训内容。

4.教师参与过程指导，最后根据学生操作过程中存在的问题进行点评。

【实训标准】

实训形式	以学生实训操作和教师的指导点评为主
角色分工	教师作为引导者负责实训的过程指导，学生分别扮演前台工作人员和客人
实训重点	1.学生要将自己代入到角色中，在实训过程中要注意牢记自己的角色。 2.学生在实训过程中遇到不懂的步骤要及时请教老师。 3.教师最后需要就本次实践进行总体的点评和总结。 4.实训结束后，作为"客人"的学生可以就"前台工作人员"的服务情况给予点评，并提出相关建议

任务四　PMS其他功能探索

学校PMS的其他功能

除了基础的开房、入住、退房、订单及账务管理外，PMS通常还提供许多其他功能，如客户资料管理、预订渠道管理、客房清洁与维护、客房价格管理、门锁系统集成、综合报表和数据分析、在线支付和账单结算、客户关系管理（CRM）、市场营销和促销等，这些功能是PMS的一部分，它们的综合应用有助于酒店提高效率、提升客户满意度，并实现更高水平的运营管理。

除了基础的房态管理、订单管理等功能模块外，PMS还有哪些功能模块呢？请思考并讨论。

一、客户资料管理

客户资料管理是PMS中的一个重要功能，涉及收集、存储、更新和维护与客户相关的个人信息和偏好。通过有效的客户资料管理，酒店可以更好地了解客户，提供个性化服务，并提高客户满意度和忠诚度。下面是客户资料管理的具体内容和意义。

1.内容

客户信息收集：PMS收集客户的基本信息，如姓名、性别、年龄、联系方式等。同时，还可以记录客户的地址、国籍、生日等信息。

客户预订历史：PMS跟踪和记录客户的预订历史，包括过去入住的日期、房型、预订渠道和入住次数等。这有助于了解客户的消费习惯和忠诚度。

客户偏好和特殊要求：酒店可以在PMS中记录客户的偏好和特殊要求，如房间楼层偏好、床型、早餐要求、额外服务等。这些信息可用于提供更加个性化的服务体验。

客户互动记录：PMS可以记录与客户的各种互动，如电话沟通、电子邮件往来和在线聊天记录等。这有助于建立良好的客户沟通和维护客户关系。

客户反馈和投诉：PMS记录客户的反馈和投诉信息，帮助酒店及时处理问题和提升服务质量。

2.优势

个性化服务：通过客户资料管理，酒店可以了解客户的偏好和特殊要求，提供更个性化的服务，满足客户的需求，提高客户满意度。

客户忠诚度：对客户进行有效的资料管理，让客户感受到被重视和关心，有助于提高客户的忠诚度和复购率。

增加客户回头率：通过客户的预订历史和互动记录，酒店可以及时与客户保持联系，提供个性化的推广信息，吸引客户再次预订。

精准市场营销：客户资料管理使酒店可以根据客户的特征和需求进行精准的市场营销。定向的推广和促销活动能够提高客户的响应率和转化率。

优化资源配置：了解客户偏好和入住历史有助于酒店优化资源配置，提前做好准备，满足客户的需求。

客户反馈处理：客户资料管理记录客户的反馈和投诉信息，酒店可以及时处理问题，改进服务，提高整体服务质量。

客户资料管理在PMS中具有重要意义。通过有效地收集、存储和分析客户信息，酒店可以提供个性化的服务，提高客户满意度和忠诚度，从而为酒店业务的长期发展打下坚实基础。

二、预订渠道管理

预订渠道管理是PMS中的重要功能，涉及管理和监控不同预订渠道的信息和业务。现代酒店面临多种预订渠道，包括官方网站、在线旅行社（OTA）、第三方分销渠道等。预订渠道管理旨在确保预订信息的准确性、提高预订转化率，并有效地管理酒店与各渠道之间的关系。下面是预订渠道管理的主要内容和意义。

1.内容

渠道接入与集成：PMS需要能够与不同的预订渠道进行接入和集成，包括官方网站、在线旅行社、电子渠道管理系统等。这使酒店可以从一个集中平台管理和监控各个渠道的预订信息。

库存和价格管理：预订渠道管理功能允许酒店实时管理客房库存和价格。酒店可以根据实际需求和市场情况，灵活调整房间的可售数量和房价，以优化收益和房间利用率。

渠道订单同步：预订渠道管理确保各个渠道的订单信息能够及时同步到PMS中。这避免了因手动处理订单而导致的错误和预订冲突。

预订数据分析：预订渠道管理功能可以对不同渠道的预订数据进行分析和比较。这有助于了解各渠道的表现和效益，为酒店的营销策略和资源配置提供依据。

渠道合作管理：预订渠道管理涉及与各个合作伙伴的关系管理。酒店可以跟踪合作伙伴的业务表现，协商合作条款，并与渠道方保持良好的合作关系。

2.优势

提高预订转化率：通过有效管理不同预订渠道的库存和价格，酒店可以更好地满足市场需求，提高预订转化率和收益。

优化资源配置：预订渠道管理有助于酒店合理配置资源，根据需求调整房间价格和库存，避免超售和低售情况的发生。

增加市场覆盖率：通过接入多个预订渠道，酒店可以扩大市场覆盖率，吸引更多不同渠道的客户预订。

数据分析和决策支持：预订渠道管理功能提供预订数据的分析报告，为酒店管理层提供决策支持，优化市场推广和资源配置。

提升合作伙伴关系：预订渠道管理有助于建立和维护与各渠道合作伙伴的良好关系，促进合作共赢。

综上所述，预订渠道管理在PMS中具有重要意义。通过有效管理和监控不同预订渠道的信息，酒店可以提高预订转化率、优化资源配置，并与各渠道合作伙伴保持良好关系，从而实现更高效、更智能的运营管理。

三、客房清洁与维护

客房清洁与维护是酒店日常运营中至关重要的环节。保持客房的整洁和良好状态对于提供优质的客户体验至关重要。

1. 内容

在PMS中，客房清洁与维护功能通常涵盖以下内容。

客房状态管理：PMS中可以记录客房的状态，如"干净""待清洁""维护中"等。清洁人员可以在清洁完成后更新客房状态，前台人员和管理层可以实时查看客房状态，以便分配干净的客房给新客人入住。

清洁任务分配：PMS可以将清洁任务自动分配给相应的清洁人员或团队。清洁人员可以在系统中查看自己的任务列表，管理层也可以监控清洁进度和质量。

客房清洁检查：清洁人员完成清洁后，PMS可以记录客房清洁的时间和质量情况。需要经过前台或主管的检查后，方可将客房标记为"干净"状态。

维护请求记录：客人在入住期间可能会提出维修或保洁请求。PMS可以记录这些请求，及时安排维修人员或保洁人员处理，并跟踪任务的完成情况。

房间设施管理：PMS可以记录每个客房的设施和家具清单。在维护或更换设施时，可以及时更新系统，确保房间设施完好。

2. 优势

提供整洁的客房：通过PMS的客房清洁与维护功能，酒店可以及时跟踪客房的清洁状态，确保为客人提供整洁舒适的入住环境。

优化资源和人员配置：PMS自动分配清洁任务，优化了清洁人员的工作安排，提高了工作效率，同时减少了可能的错误和遗漏。

快速响应维护请求：通过PMS记录和跟踪维护请求，酒店可以及时安排维修或保洁人员前往处理，提高了客户服务质量。

提高管理效率：PMS中记录的清洁和维护数据，可以帮助酒店管理层监控客房清洁和维护情况，及时发现问题，进行改进和调整。

延长设施寿命：定期维护和保养客房设施，可以延长设施的使用寿命，减少更换和维修成本。

客房清洁与维护是PMS中非常重要的功能，通过合理利用PMS，酒店可以提高客房管理的效率和质量，提供更好的客户体验，提高客户满意度和忠诚度。同时，有效的客房清洁与维护也有助于酒店提高运营效率，降低成本，并提升酒店整体形象和竞争力。

四、门锁系统集成

门锁系统集成是指将酒店管理系统与客房门锁系统进行连接和整合，以实现智能化的门锁解锁功能。通过门锁系统集成，客人可以使用数字钥匙或手机进行门锁解锁，从而获得更便捷、安全和高效的入住体验。下面是门锁系统集成的基础构成和优势。

1.基础构成

智能门锁技术：门锁系统集成使用智能门锁技术，取代传统的物理钥匙。智能门锁可以使用数字密码、磁卡、手机App或近场通信技术（如NFC或蓝牙）进行解锁。

数字钥匙：通过门锁系统集成，客人可以在预订确认后，通过电子邮件或手机短信收到数字钥匙。数字钥匙可以直接用于门锁解锁，无须到前台领取实体钥匙。

手机解锁：门锁系统集成允许客人使用手机App作为门锁解锁的工具。客人只需打开手机App，单击"解锁"按钮即可打开客房门锁。

安全性和权限管理：门锁系统集成确保只有授权的客人才能解锁特定客房。前台或系统管理员可以在PMS中管理客房的门锁权限，控制客人的入住时间和门锁权限。

实时数据同步：门锁系统集成确保门锁的使用数据实时同步到PMS中。这包括客人的入住和退房时间，以及门锁的使用记录等。

2.优势

提供便捷的入住体验：门锁系统集成使客人无须排队等候办理入住手续，只需使用数字钥匙或手机App即可快速解锁客房，提供更便捷的入住体验。

增加安全性：智能门锁技术提供更高的安全性，避免了传统钥匙的丢失和被复制风险，增加客人和酒店财产的安全保障。

提高运营效率：门锁系统集成减少了前台办理入住手续的工作量，提高了运营效率和客户流动性。

个性化服务：通过门锁系统集成，酒店可以根据客人的偏好和需求提供个性化的门锁权限和服务。

数据记录和分析：门锁系统集成记录客人的门锁使用情况，酒店可以通过数据分析了解客人入住行为，优化服务和营销策略。

门锁系统集成是酒店管理系统的一项重要功能。它提供便捷、安全和智能的门锁解锁方式，优化客人入住体验，提高酒店运营效率，提升客户满意度，是现代酒店业务管理的重要组成部分。

五、综合报表和数据分析

综合报表和数据分析是酒店管理系统中的一项关键功能，它涉及对各方面的数据进行收集、整合和分析，生成综合的报告和洞察，帮助酒店管理层全面了解酒店的运营状况和业务绩效。下面是综合报表和数据分析的主要内容和意义。

1.内容

房间入住率报表：该报表记录每日、每周或每月的房间入住率，包括客房出租率和床位出租率。管理层可以通过此报表了解酒店的入住情况和房间利用率。

收入分析报表：收入分析报表显示不同收入来源的数据，如客房收入、餐饮收入、会议宴会收入等。这有助于管理层了解酒店的主要收入来源和收入构成。

客户来源报表：客户来源报表显示客户是通过哪些渠道预订的酒店，如官方网站、OTA、电话预订等。这对于制定市场营销策略和资源分配非常有帮助。

预订趋势分析：通过预订趋势分析，管理层可以了解酒店预订的季节性和周期性趋势，有助于预测需求和制定定价策略。

客户满意度调查结果：PMS可以收集客户满意度调查数据，并生成相关报告。管理层可以了解客户对酒店服务的评价和反馈，从而进行改进和提升。

2.优势

数据驱动的决策：综合报表和数据分析为酒店管理层提供全面、准确的数据支持，使他们能够做出基于数据的决策，优化运营和提高业务绩效。

优化资源配置：通过数据分析，管理层可以更好地了解酒店的旺季和淡季时段，合理配置资源和人员，提高效率。

改进服务质量：通过客户满意度调查和反馈的数据分析，酒店可以发现服务的薄弱点和改进的空间，提升客户满意度。

市场竞争分析：数据分析可以帮助酒店了解竞争对手的情况和市场趋势，有助于酒店制定更有竞争力的战略。

提高营收和利润：通过综合报表和数据分析，酒店可以发现潜在的收入增长点和成本节约机会，从而提高营收和利润。

综合报表和数据分析是酒店管理系统中不可或缺的功能，它为酒店管理层提供了更深入的分析和洞察，支持他们做出明智的决策，优化酒店运营和提升业务绩效。通过利用数据，酒店可以不断优化自身的运营模式，提供更优质的客户体验，从而保持竞争优势，并实现持续增长。

六、在线支付和账单结算

在线支付和账单结算是酒店管理系统中的两个重要功能，它们涉及客户支付预订费用和结算住宿费用的流程。这些功能的实施使客人能够方便快捷地进行支付，同时让酒店能够高效处理账单和财务事务。下面是在线支付和账单结算的主要内容和意义。

1.在线支付

预订费用支付：客人在预订酒店时，可以通过PMS提供的在线支付功能，直接使用信用卡、借记卡或其他支付方式支付预订费用。这使得客人无须到酒店前台支付押金或预订款项，提高了预订的便捷性。

预付房费：部分客人可能会选择提前支付住宿费用。在线支付功能允许客人在入住前提前支付房费，以减少入住时支付费用的麻烦，也有助于酒店的资金管理。

安全支付：在线支付功能通常采用安全的支付系统和加密技术，保护客户的支付信息，防止支付风险和欺诈行为。

2.账单结算

客房账单：在客人退房时，PMS生成客房账单，详细列出客人的住宿费用、餐饮费用、服务费用等。客人可以在前台结算账单，或者通过在线支付结算账单。

多种支付方式：账单结算功能支持多种支付方式，包括现金支付、信用卡支付、借记卡支付等，以满足不同客人的支付习惯和需求。

拆分支付：有些客人可能需要将账单拆分支付，例如分摊房费和餐饮费用。账单结算功能允许前台员工灵活地处理这些需求。

打印账单：PMS可以打印客房账单供客人核对和保存。

3.意义和优势

提升客户满意度：在线支付和账单结算使客人能够便捷地完成支付和结算，提高了客户的满意度和体验感。

节省时间和劳动力：在线支付和账单结算减少了前台工作人员办理结账的时间和工作量，提高了前台工作效率。

减少现金交易：在线支付减少了现金交易，有助于酒店提高资金管理的安全性和效率。

数据准确性：通过PMS生成账单，减少了手工操作的差错，提高了账单数据的准确性。

财务管理：在线支付和账单结算功能有助于酒店进行财务管理和流程优化，提高了财务管理效率。

在线支付和账单结算是酒店管理系统中的重要功能，它们为客人提供了方便快捷的支付和结算方式，同时也提高了酒店的运营效率和客户满意度。通过实施这些功能，酒店可以更好地管理客人的账单和财务事务，为客人提供更优质的服务体验。

七、市场营销和促销

市场营销和促销是酒店业务中的两个关键方面，它们旨在吸引客户、提高预订率、增加酒店的知名度并提升客户忠诚度。在酒店管理系统中，市场营销和促销功能起着重要作用，帮助酒店制定营销策略、管理营销活动并跟踪结果。下面是市场营销和促销在PMS中的主要内容和意义。

1.市场营销

客户分析：PMS可以收集和分析客户数据，包括入住历史、消费习惯、偏好和来源渠道等。这些数据有助于了解客户特征，优化营销目标和策略。

目标市场：根据客户分析，酒店可以明确定义目标市场，针对特定客户群体制订营销计划。

市场推广：PMS支持市场推广功能，包括电子邮件营销、短信推送、社交媒体宣传等，帮助酒店与潜在客户保持联系，提高知名度和吸引力。

定价策略：市场营销功能还可以支持制定定价策略，根据市场需求和竞争情况动态调整房价，提高收益。

2.促销

特价和优惠：PMS支持特价和优惠功能，可以根据需求设定不同类型的促销活动，如限时折扣、套餐优惠等，以吸引客户预订。

会员计划：通过促销功能，酒店可以设置会员计划，为会员提供独特的优惠和特权，提高客户忠诚度和回头率。

预订渠道推广：促销功能还可以针对特定预订渠道进行推广，鼓励客人选择特定的渠道预订酒店。

节日和活动促销：PMS可以帮助酒店制定节日和特殊活动期间的促销策略，如圣诞节、春节、节日庆典等。

3.意义和优势

提高预订率：市场营销和促销功能有助于提高酒店的知名度和吸引力，增加预订率，提高客房入住率。

增加收益：通过优化营销策略和定价策略，酒店可以实现更高的房间收益。

客户忠诚度：市场营销和促销功能有助于提高客户忠诚度，通过会员计划和个性化服务吸引客人回头入住。

实时跟踪和反馈：PMS的市场营销和促销功能可以实时跟踪营销活动的效果和反馈，帮助酒店及时调整策略。

优化资源配置：通过市场营销和促销数据分析，酒店可以优化资源配置，投入更少的资源，获得更好的效果。

市场营销和促销在PMS中扮演着重要的角色。通过合理利用这些功能，酒店可以吸引更多客户，提高预订率和收益，提升客户忠诚度，为酒店的长期发展打下坚实基础。

任务实训

【实训项目】熟悉PMS的其他功能。

【实训目标】通过实训，学生要熟练掌握PMS的常见功能、操作方法和注意事项。

【实训时间】2学时。

【实训步骤】

1.实训开始前，准备好酒店PMS操作账号，保持网络通畅。

2.学生通过电脑登录PMS，分别进行客户资料管理、预订渠道管理、客房清洁与维护、门锁系统、报表管理等功能模块的操作。

3.学生总结操作过程中的重点和难点并与老师、同学分享。

【实训标准】

实训形式	以学生操作和总结为主
角色分工	学生将自己代入前台工作人员的角色，教师点评学生的操作情况
实训重点	1.学生在实训过程中要主动思考，独立完成实训内容。 2.在实训过程中遇到不懂的操作要做好记录，以便实训结束后向老师、同学请教

项目七　酒店自助服务系统运维

酒店自助入住系统，顾名思义，是一种通过技术手段，允许客人在到达酒店时，不需要通过前台工作人员，而是自主使用自助入住设备完成酒店入住过程的系统。自助入住系统通常涵盖自助选择房间、自助进行身份验证、自助办理入住、自助获取房间钥匙、自助办理续住、自助办理退房、自助办理换房、自助办理支付等功能。也就是说，客人可以通过自助入住机完成选择房间、填写个人信息、办理入住手续、支付费用等，无须人工干预。这种系统可以提高酒店的服务效率，减少人力成本，提升客人的入住体验。

学习引导

在某市，有一家传统的星级酒店，客人不少但口碑一般。最近，该酒店引入了自助入住系统，这一决策也彻底改变了客人的入住体验及该酒店的口碑。

当客人步入酒店的大堂时，他们会被显眼的自助入住区域所吸引，这里设有一排造型美观、形式各异的自助入住机：有立式的、桌面式的，也有手持式的。

在入住的过程中，客人首先通过触摸屏输入自己的姓名、电话号码、身份证号码或信用卡信息，系统迅速验证身份并检索相关预订信息。这个流程不仅快速，而且确保了高度的准确性。在确认预订后，客人可以选择支付方式，系统将自动生成并打印入住确认单和发票。

在房卡发放过程中，客人可以选择使用电子房卡，这意味着他们可以直接通过手机或电子卡片进入他们的客房。电子门锁一方面提高了安全性，另一方面也能避免房卡遗失等问题给客人带来的困扰。

为了确保客人能够顺利使用自助入住机，酒店通过清晰的屏幕指导和提供必要的教程资料，为客人提供了简便易懂的步骤。此外，酒店在附近设有专门的工作人员，随时准备提供帮助和支持，以确保客人有一个愉快、无忧的入住体验。

【点评】

该酒店通过引入自助入住系统，成功提高了办理入住的效率，减轻了前台工作人员的工作负担，让客人能够更加自主、迅速地完成入住流程。客人对这种更现代、更便捷的服务方式给予了高度评价，这也提升了该酒店在科技创新和客户服务方面的形象，从而成为地区内领先的时尚精品酒店之一。

酒店自助入住系统的作用在于提供更便捷、高效的客户入住体验。通过自助终端或移动应用，客人能够自主完成入住手续，包括预订确认、身份验证、房间选择和电子钥匙获取，无须等待前台办理。这不仅节省了客人的时间，也降低了人工成本，同时提高了入住过程的灵活性和个性化。自助入住系统还通过简化操作流程和提供清晰的指导，提高了客户满意度，为酒店创造了更现代化、更便利的服务环境。

学习目标

知识目标

1.了解自助入住流程及其原理。

2.认识自助入住设备中的自助终端和智能联网门锁。

3.了解如何管理酒店自助系统。

技能目标

1.掌握基础的自助入住原理及流程，如办理入住、续房、退房等。

2.掌握酒店自助入住系统的管理方法及注意事项。

素养目标

1.培养学生获取信息并利用信息的能力。

2.培养学生的互助精神，成为更具社会责任感的人。

了解自助入住流程及其原理

任务一　自助入住流程理解

酒店自助入住是指酒店客人可以通过自助终端或手机App等方式快速办理入住手续，无须前台工作人员的帮助。自助入住系统实现了客人的自主选择和操作，提高了酒店的运营效率，降低了成本，提升了客户体验和安全性。

那么，酒店自助入住系统是由哪些元素构成的呢？其原理及流程包含哪些内容？请思考并讨论。

一、认识酒店自助入住系统

（一）酒店自助入住系统的构成

酒店自助入住系统通常包含自助终端设备（自助入住机）、软件系统、数据库、支付系统、身份验证系统、酒店门锁系统、公安系统等几个部分。

1.自助终端设备

自助终端设备也叫自助入住机，通常位于酒店大厅的显眼位置，是给客人自助办理入住手续的设备，通常包括触摸屏、键盘、打印机等，客人可以在上面完成从入住到退房的一系列流程。

目前，自助入住机可以根据尺寸和外观分为立式、台式、手持式等多种类型，又可以根据是否需要门卡分为吐卡式和不吐卡式（通过手机上的小程序开房间锁）等。

2.软件系统

软件系统由以下几个部分构成。

前台管理系统：用于酒店前台工作人员管理酒店房间、客户、订单等信息，包括房间状态的更改、客户入住信息的维护、订单管理（预订、续住、退房）等。

自助终端软件：提供给客人使用的软件界面，包括预订房间、办理入住、办理退房、住中服务等功能。

3.数据库

用于存储酒店的房间信息、客户信息、订单信息、酒店营销数据报表等信息，确保数据的安全性和可靠性。

4.支付系统

用于支持客人的支付操作，包括刷卡支付、支付宝支付、微信支付等，确保支付的安全性和准确性。

5.身份验证系统

用于验证客人的身份信息，通常通过读取身份证、护照等证件信息对客人身份进行验证，确保客人的身份真实性，实现合法合规经营。

6.酒店门锁系统

与自助终端设备进行联动，客人在办理入住，订单支付完成后可以通过自助终端设备生成的房卡或二维码（二维码开锁）开启房间门锁，确保客人的安全，并为客人提供便利。

7.公安系统

酒店自助入住系统通常会涉及与公安系统的联动，以验证客人的身份信息。具体来说，酒店自助入住系统可以通过读取客人的身份证信息，并将其与公安系统进行实时验证，以确保客人的身份真实性和合法性。这样可以防止使用伪造身份证或盗用他人身份信息的情况发生，保障酒店和客人的安全。

通过与公安系统的联动，酒店可以快速、准确地验证客人的身份信息，提高入住过程的顺畅度和安全性。

（二）酒店自助入住系统的功能

酒店自助入住系统的功能通常包含预订房间、办理入住、办理退房、修改订单、查询房间状态、支付操作、身份验证、多语言支持、客户信息管理、订单管理、数据统计与分析等几个部分。

1.预订房间

客人可以通过与自助终端设备绑定的酒店在线预订系统进行房间预订，例如，客人可以在酒店App、小程序、美团、携程等平台上进行房间预订，抵达酒店后，在自助终端机（自助入住机）上选择"有预订入住"，就可以按提示自助办理入住。

此外，有些酒店在客人预订完成后，会在手机上收到相关短信，提示客人订单信息，包括入住时间、酒店名称、客人房间号等。

2.办理入住

客人可以使用自助终端设备办理入住手续，填写个人信息，如姓名、联系方式等。

客人可以通过自助终端设备进行身份验证，通常通过读取身份证或护照信息进行公安系统验证。

客人可以选择支付押金的方式，并进行支付操作，包括刷卡支付、支付宝支付、微信支付等。

客人可以选择生成房卡或二维码，用于开启房间门锁。

3.办理退房

客人可以使用自助终端设备办理退房手续，结算费用并退还押金。

客人可以自主选择支付方式进行结算，系统会自动计算费用并提供支付选项。

4.修改订单

客人可以在自助终端设备上修改入住日期、房间类型、房间数量等订单信息，延长或缩短入住时间（续住、退房）。

客人可以选择支付差价或退还差价，系统会自动计算费用并提供支付或退款选项。

5.查询房间状态

客人可以在自助终端设备上查询房间的实时状态，包括空房、预订、入住等状态。

客人可以选择空房进行预订，或查看已预订或入住的房间信息。

6.支付操作

客人可以在自助终端设备上进行支付操作，包括银行卡支付、信用卡支付、支付宝支付、微信支付等。

酒店自助入住系统会提供安全的支付接口，确保支付的安全性和准确性。

7.身份验证

酒店自助入住系统与公安系统联动，可以通过读取客人的身份证、护照等证件信息进行身份实时验证，确保客人身份的真实性。

8.多语言支持

酒店自助入住系统可以提供多种语言选择，以满足不同客人的需求，如中文、英文、日文等。

9.客户信息管理

酒店自助入住系统可以管理客人的个人信息，包括姓名、联系方式、入住记录等，方便酒店管理人员进行数据分析。

10.订单管理

酒店自助入住系统可以管理客人的订单信息，包括预订信息、入住日期、房间类型等。酒店工作人员可以在后台系统中查看和管理订单信息。

11.数据统计与分析

系统可以对酒店的入住率、客户满意度（预订平台上的订单评价）等数据进行统计和分析。

酒店工作人员可以在后台系统中查看数据报表，为酒店经营提供参考。

（三）酒店使用自助入住系统的意义

酒店自助入住系统可以提高酒店的运营效率，降低成本，提升客户体验感和安全性；同时，提供实时数据统计和分析，为酒店的经营管理带来了诸多好处。酒店自助入住系统具体的作用如下。

1.提高效率

自助入住系统可以让客人自行办理入住手续，减少了前台工作人员的工作量，提高了办理入住的效率。客人可以通过自助终端设备自行完成入住流程，无须等待，节省时间。单个员工在多台设备的配合下，可以实现快速分流，避免客人入住或退房高峰时段在大厅的时间消耗和滞留，提高酒店入住登记效率，提升酒店服务质量。

2.降低成本

自助入住系统可以减少对前台工作人员的需求，降低了人力成本。酒店可以减少前台工作人员的数量，节省了薪资和培训成本。酒店自助入住系统降低了酒店前台岗位技能复杂度，只需简单培训前台工作人员就可以引导客人在人机互动模式下完成对客服务，大大降低了酒店服务人员的培训成本。同时，在人工成本大且服务人群招工难的背景下，酒店自助入住系统24小时不间断的设备工作模式，可以为酒店持续提供效能。

3.提升客户体验

自助入住系统提供了更加便捷和灵活的入住方式，客人可以自行选择房间、办理入住手续，操作方便，节省时间。这可以提升客人的入住体验，提高了客户满意度。

4.提高安全性

自助入住系统可以通过身份验证功能（身份证等的扫描、人脸识别），确保客人的身份真实性。客人的个人信息和支付信息都可以得到保护，提高了安全性。

与传统的入住流程相比，自助入住系统更能保护客人隐私。酒店应用智能自助入住系统，客人可以在入住酒店或退房时自助操作人证核验、开房、退房和收发卡、缴费等，且操作方便快捷，全程无须酒店工作人员参与，极大保护了客人隐私。

5.实时数据统计与分析

自助入住系统可以实时统计和分析酒店的入住率、客户满意度等数据。酒店管理者可以根据这些数据进行经营决策，优化酒店的运营和服务。

6.提供多语言支持

自助入住系统可以提供多种语言选择，满足了不同客人的需求，提高了酒店的国际化服务水平。

7.提高酒店竞争优势

通过与自助入住系统绑定的酒店自己的预订系统，酒店可以大量发展会员，起到拓展和稳定客源的效果，从而提高酒店竞争力。

8.适应当下需求

无接触应用模式，正适合当下社会形态需求。在智能化背景下，更多人习惯了无接触社交模式，无须接触工作人员，客人自行办理入住和缴费或退房，减少病毒交叉传播，降低酒店等人群集中地季节性流行病的感染风险。

9.拓展业务渠道

自助入住系统可以与在线旅行平台和第三方渠道进行对接，提供在线预订和支付功能，拓展了酒店的业务渠道。

二、酒店自助入住原理及流程

（一）酒店自助入住原理

酒店自助入住的原理是通过自助终端和酒店管理系统的互联互通，让客人自主完成预订信息填写、可用房间选择、身份验证、支付和开锁等入住手续，提高入住效率和便利性。

客人在进行预订操作时，会在预订平台提供必要的个人信息和支付方式。这些信息会被记录在酒店的系统中，系统将自动把客人预订过未完成退房操作的房间修改为不可预订。

客人到达酒店后，如果选择使用自助入住机办理入住，自助机操作界面会要求客人输入预订时提供的手机号码或订单号查询订单信息，完成身份验证等后续入住操作，流程与前台操作类似，只是变成客人全程自己操作，24小时可操作。

客人完成身份验证后，可以自主选择支付方式并进行支付。支付方式通常包括信用卡、支付宝、微信支付等，支付前客人可以自己仔细核对订单信息。支付成功后，系统会生成一个支付凭证，客人可选择是否打印。

客人在自助入住机办理完入住后，系统会将房间状态变更为"在住"。

以上步骤完成后，系统会生成一个房间的电子门锁密码，或者激活客人手机上的房间开锁键；如果客人选择使用电子门卡，系统会将生成的房间号和电子门锁密码发送给客人。客人可以通过自助终端或手机App获取这些信息；如果客人需要门卡，可选择对应的吐卡式自助机办理入住，机器会发放相应的房卡。

在入住期间，如果客人临时打算续房，可以使用自助终端或手机App进行续房，省时省力；如果需要改变离店时间也是如上操作；当客人离开酒店时，可以通过自助终端进行退房操作，系统会自动结算费用并完成退房手续。

（二）酒店自助入住流程

酒店自助入住流程一般包括以下步骤。

（1）入住类型选择：如果是提前预订过的订单，就在自助机主页单击"有预订入住"按钮；如果是没有预订过房间，就单击"无预订入住"按钮；再按提示完成后续操作。

（2）预订信息输入：在自助终端上输入个人信息和预订要求，例如选择入住日期、离店日期、房间类型、房间号等；输入个人姓名、手机号等信息。

（3）身份核验：选择好房间信息后，在自助入住机上进行身份认证、公安信息核验。身份核验方式是在自助入住机上扫描身份证，再拍照进行人脸识别；如果忘带身份证，可以单击"忘带身份证"选项，按指示操作输入姓名、身份证号进行手动验证。

项目七　酒店自助服务系统运维

（4）订单确认：如果是无预订入住，以上操作完成后会生成一个订单信息，客人核对信息无误后单击"确认"或"下一步"按钮进入。

（5）支付：客人选择支付方式，例如信用卡、支付宝、微信支付等，并进行支付。

（6）钥匙发放：酒店会为客人生成一个房间号和电子门锁密码，或者发放房卡，客人凭手机或者房卡都能开房门。

（7）入住：客人到达房间后，使用房卡、电子门锁密码、身份证或手机App、小程序中的电子钥匙开启房间门锁，自行进入房间入住。

（8）住中服务：在入住期间，客人可以使用自助终端机或手机App进行房间服务、查询账单等操作。

（9）续住：当客人的行程有变，需要续住酒店时，可以通过自助终端机或手机App进行续房操作，与预订房的操作相似，客人需要选择续房时间、房间类型、房间数量等信息，信息确认无误后进行在线支付即可。

（10）退房：当客人入住期限已到，需要离开酒店时，可以通过自助终端或手机App进行退房操作，系统会自动结算费用并完成退房手续。

这个部分有两种情况。一种情况是客人选择了房卡开锁，那么客人需要在退房时按照操作提示将房卡插入自助终端机内，才能完成退房。另一种情况是客人选择电子门锁开房门，这种情况退房相对简单，可以直接在手机上退房，也可以在自助入住机上退房，因为没有使用房卡所以无须归还房卡，可以省去退房时插卡的步骤，相对来说更加方便快捷。

任务实训

【实训项目】酒店自助入住系统模拟。

【实训目标】通过实训，学生要了解酒店自助入住系统的相关知识，掌握操作酒店自助入住系统的技能和技巧。

【实训时间】2学时。

【实训步骤】

1.教师事先设计好需要进行模拟入住客房的基本信息，包括房间号、价格、入住时间等信息。

2.两名学生为一组进行角色扮演，一人扮演酒店员工，一人扮演客人，完成一次自助入住的模拟训练。

3.每组学生互换角色，再进行一次步骤2的实训内容。

4.教师参与过程指导，最后根据学生训练过程中存在的问题进行点评。

【实训标准】

实训形式	以学生的实训和教师的指导点评为主
角色分工	教师作为引导者负责本次实训的过程指导,学生分别扮演酒店员工和酒店的客人
实训重点	1.学生要将自己代入角色。 2.学生在实训过程中遇到难点要及时请教老师。 3.实训结束后,教师针对实训过程中学生存在的问题进行点评和梳理

任务二 自助设备认知与操作

认识自助入住设备

　　酒店自助入住系统使酒店更加智能化,提升了酒店办理相关入住业务的效率。一方面使客人方便快速地进行自助入住操作,在高峰期时节约时间;另一方面,减轻了酒店前台工作人员的业务压力,提高了办理入住的效率,提升了客人的好感度。

　　那么,你知道酒店自助入住系统中的设备有哪些呢?该设备在自助入住系统中发挥着怎样的作用呢?请思考并讨论。

一、自助终端

(一)构成和功能

　　自助终端,也叫自助入住机,它的主要构成和功能涉及以下几个方面。

　　系统集成:酒店自助入住机通常与酒店管理系统进行集成,以实现客人信息的同步和房间分配的自动化。

　　身份验证:自助入住机通过扫描身份证、输入手机号码等方式进行身份验证。这些信息会与酒店管理系统中的客人数据库以及公安系统中的数据进行比对,以确保客人的身份准确安全无误。

　　预订信息检索:一旦客人身份验证通过,自助入住机会从酒店管理系统中检索客人的预订信息,包括入住日期、离店日期、房间类型等。

　　房间选择与分配:自助入住机会根据预订信息和房间的可用情况,为客人提供可选择的房间列表。客人可以根据自己的喜好选择一个房间,然后自助入住机会将该房间分配给客人。

支付处理：客人可以选择支付方式，并在自助入住机上完成支付。自助入住机会将支付信息传输到酒店管理系统进行处理，并生成相应的支付凭证。

房卡发放：一旦支付完成，即可获取房卡。如果客人使用的是不发卡式的自助入住机，自助入住系统会生成一个电子钥匙，客人可以通过手机App或者关联小程序进行开锁；如果客人使用的是发卡式的自助机，支付完成后机器会吐出一张房卡，这张房卡可用于开启房间门锁，进行续房、退房操作，直至客人退房成功，房卡才会失效。

特殊情况：很多人在实际工作中会遇到一些特殊情况，比如客人忘记带身份证，客人在住店过程中房卡遗失等问题。这类问题该怎么解决呢？

如果是客人抵店后发现身份证忘带了，也可以使用自助终端机进行入住操作。具体的操作是客人在自助终端机提示扫描身份证的时候单击"忘带身份证"选项再进行相关操作。

如果是客人在住店途中发现房卡丢失，在办理续房或退房操作时可以根据自助机的提示选择"房卡遗失"，根据提示进行续房、退房操作。这里需要注意的是，房卡一般会收取押金，如果是房卡遗失，在进行退房操作后会扣除房卡押金，如果房卡归还成功则会退还房卡押金。

（二）常见类型

常见的自助入住机有入住发卡分离型（见图7-1）、入住发卡一体型（见图7-2）、入住不发卡型（见图7-3）自助入住机。

入住发卡分离型自助机通常体积较小，可以置于桌面，入住操作屏幕和发卡机器是分离的；入住发卡一体型自助机通常是立式的，体积大但是客人站立操作会比较方便，这种自助机会发放、回收房卡，操作比较简便；入住不发卡型自助机外观与入住发卡一体型自助机类似，但结构相对简单，不提供房卡，可以通过手机进行房间开锁。

图7-1 入住发卡分离型自助入住机

图7-2　入住发卡一体型入住机　　图7-3　入住不发卡型入住机

（三）特点

自助入住机的特点是能全天候值守，提供全自助服务，解决夜班难题。

全天候值守：365天×24小时服务，随时随地办理自助入住；在无人值守的状态下，帮助客人1分钟内完成身份识别自助入住；人性化的自助服务，24小时随时静候，在入住高峰期能极大提升入住效率和服务品质。

全自助服务：客人可以提前在App、小程序预订酒店，生成订单，也可以现场通过自助机进行酒店预订操作，即可分为有预订入住和无预订入住。有预订入住的情况，客人凭身份证、手机号到自助机上查询预订订单，获取房间开锁权限，办理入住；客人无预订的情况下，可到现场自助选房办理入住。

解决夜班难题：求职者多半不愿意上夜班，这将造成前台工作人员流动大、难以招聘。智能前台终端可替代大部分前台工作人员的工作，为酒店节省人力成本；前台工作人员可以只负责白天的工作，将夜班的工作交给智能前台终端和安保人员来处理。

二、智能联网门锁

智能联网门锁（见图7-4），是一种通过互联网连接的智能设备，用于控制和管理门锁的开关和访问权限。它可以与手机、智能家居系统或其他智能设备进行通信，实现远程控制、实时监控和智能化管理。

图7-4　智能联网门锁

智能联网门锁的主要特点和功能包括以下几点。

远程控制：通过手机App或云平台，用户可以随时随地远程控制门锁的开关状态，无须实际到场操作。这样，用户可以方便地给亲友开门，或者在外出时确保门锁的安全状态。

密码和指纹识别：智能联网门锁通常支持多种开锁方式，如密码、指纹、IC卡等。用户可以根据自己的需求和习惯选择合适的开锁方式。

临时访问权限：用户可以通过手机App为访客或临时租客生成临时访问权限，设定有效时间段和特定的门锁权限。这样，用户无须亲自到场，也可以方便地控制门锁的访问权限。

访问记录和报警功能：智能联网门锁通常具有访问记录功能，可以记录开锁时间、方式和用户信息，以便用户随时查看。同时，它还可以与安防系统相连，实现报警功能，当有异常开锁行为发生时，及时发送警报通知用户。

智能场景联动：智能联网门锁可以与其他智能设备进行联动，实现智能家居的场景控制。例如，当用户开启门锁时，可以自动触发照明系统、空调系统等设备，提供更加智能化的居住体验。

智能联网门锁可以提高服务档次，提升客人满意度，减少客人流失；它实现了使用手机开门，可以节省酒店成本、提升入住效率、优化宾客体验；增强了安全性，大大减少了恶性事件的发生率。

智能联网门锁的应用范围广泛，不仅可以用于酒店，还可以应用于家庭住宅、办公楼、公共场所等。它提供了更高的安全性、便利性和智能化管理的体验，逐渐成为人们生活中的重要组成部分。

任务实训

【实训项目】参观酒店自助入住设备。

【实训目标】通过实训,学生要了解自助入住系统中的常见设备和主要职能。

【实训时间】2学时。

【实训步骤】

1.实训开始前,由教师在附近联系一家有自助入住系统的酒店。

2.将学生进行分组,每组控制在4~6名学生,由教师带领学生前往酒店参观酒店自助入住设备,并请负责的主管介绍酒店自助入住系统的具体设备和主要作用。

3.参观结束后,学生讨论并总结酒店自助入住设备的主要工作职责。

【实训标准】

实训形式	以学生的参观学习和讨论分享为主
角色分工	教师作为评委,每个小组各推举一名学生代表整个小组发言
实训重点	1.学生在参观过程中要遵守纪律,要仔细聆听和观察。 2.学生要积极参与讨论,加深对所学知识的理解。 3.教师负责引导学生进行讨论,讨论结束后可以适当进行总结

任务三　自助系统运维管理

管理酒店自助系统

酒店自助系统为客人和酒店提供了极大的便利,因此对酒店自助系统中软件和硬件设备的管理显得尤为重要。要通过合理的管理和维护,确保软件及硬件的安全性和稳定性,更好地保障酒店自助系统的日常正常运营。

那么,在酒店自助系统中软件及硬件管理主要包括哪些方面呢?有哪些需要注意的事项?请思考并讨论。

一、软件的管理

软件管理涉及软件采购和部署、软件配置和设置、软件更新和升级、故障排除和修复、数据备份和恢复以及安全保护等方面。通过合理的管理和维护,可以确保软件应用的正常运行和安全性。

软件采购和部署：根据酒店的需求和预算，选择合适的软件应用，并进行采购和部署。包括自助系统的操作系统、应用软件、数据库等的选购和安装。

软件配置和设置：根据酒店的业务需求，对软件进行配置和设置。这包括设置自助系统的界面、功能、权限等，以满足酒店的具体要求。

软件更新和升级：定期检查并更新软件应用，以获取最新的功能和修复已知的漏洞或问题。同时，也要进行软件升级，以适应新的业务需求和技术发展。

故障排除和修复：当软件应用出现故障或问题时，需要及时进行故障排除和修复工作。可以建立相应的技术支持渠道，如客服热线或在线支持，以帮助用户解决问题。

数据备份和恢复：定期对软件应用中的数据进行备份，以防止数据丢失或损坏。同时，也要建立相应的数据恢复机制，以保证数据的安全性和完整性。

安全保护：加强软件应用的安全保护，包括防止软件被恶意攻击、防止数据泄露等。可以采用技术手段，如加密通信、访问控制等，以提高软件的安全性。

二、硬件的管理

硬件管理涉及设备采购和部署、设备维护和保养、故障排除和维修、设备监控和远程管理、安全保护以及设备更新和升级等方面。通过合理的管理和维护，可以确保硬件设备的正常运行和稳定性。

设备采购和部署：根据酒店的需求和预算，选择合适的硬件设备，并进行采购和部署。这包括自助终端、触摸屏、打印机、扫码枪等设备的选购和安装。

设备维护和保养：定期对硬件设备进行维护和保养，包括清洁设备表面、检查设备连接线路、更换设备耗材等。这可以延长设备寿命，保持设备的正常运行。

故障排除和维修：当硬件设备出现故障或问题时，需要及时进行故障排除和维修工作。可以建立相应的技术支持渠道，如客服热线或在线支持，以帮助用户解决问题。

设备监控和远程管理：使用远程监控和管理工具，对硬件设备进行实时监控和管理。可以监测设备的运行状态、网络连接情况、设备故障等，并及时采取相应的措施进行处理。

安全保护：加强设备的安全保护，包括设备的物理安全、防止设备被篡改和破坏、防止设备被恶意软件感染等。可以采用技术手段，如加密通信、访问控制等，以提高设备的安全性。

设备更新和升级：定期检查并更新硬件设备的软件和固件，以获取最新的功能和修复已知的漏洞或问题。同时，也要进行设备的升级，以适应新的业务需求和技术发展。

任务实训

【实训项目】在教师的带领与安排下,到本市星级酒店参观自助入住系统的管理。

【实训目标】通过实训,学生要了解管理酒店自助系统的相关知识,掌握管理酒店自助系统过程中的注意事项和技能技巧。

【实训时间】2学时。

【实训步骤】

1.实训开始前,由教师在附近联系一家有自助入住系统的酒店。

2.将学生进行分组,每组控制在4～6名学生,由教师带领学生前往酒店参观酒店管理自助入住系统的过程,并请管理酒店自助入住系统的主管介绍酒店管理自助入住系统的具体步骤和注意事项。

3.参观结束后,学生讨论并总结酒店自助入住设备的主要工作职责。

【实训标准】

实训形式	以学生的参观学习和讨论分享为主
角色分工	教师作为评委,每个小组各推举一名学生代表整个小组发言
实训重点	1.学生在参观过程中要遵守纪律,仔细聆听和观察。 2.学生要积极参与讨论,加深对所学知识的理解。 3.教师负责引导学生进行讨论,讨论结束后可以适当进行总结

项目八　酒店访客管理与安全控制

酒店访客管理是指酒店为了确保客人和酒店安全而采取的一系列措施。这些措施包括但不限于：客人入住登记手续的执行，访客身份核实，对访客行为的监控和管理，以及员工的安全意识培训等。

酒店通常会要求客人在入住时填写登记表格，提供身份证明并办理入住手续，以确保客人身份真实性和安全性。同时，酒店会对访客的行为进行监控，确保他们遵守酒店规定，并不会对其他客人造成骚扰或危险。员工也会接受相关的安全管理培训，以提高安全意识和应对突发事件的能力。酒店访客管理旨在提供一个安全、舒适的住宿环境，保障客人和酒店的安全。

学习引导

606房张先生带回的访客深夜12点还未离开，引起了客房服务员小A和接待处小B的警觉。

"喂，接待处吗？我是6楼服务员小A。刚才我发现606房的客人张先生带了一个朋友进房。现在快12点了，他们在房里已经待了3个小时，估计张先生的朋友今晚很可能要在酒店住宿。请您查一下606房客人今天是否办理过访客的住宿手续？"

云南某宾馆客房部的小A是个极心细的服务员，由于她认真负责的态度，帮助宾馆避免了多次潜在的事故。今夜又是她值班，发现了606房的异常情况便马上与总台联系。

接待处接电话的是已在酒店工作4年的老员工小B。他翻开今天的入住登记，没有发现606房的新记录，再查看三天前张先生来办理入住手续时，也只有他一个人的名字，此后再也不见该房间有第二个登记者。显然今天来访的朋友并没有到接待处登记过。

小B忽然想起，近日市公安局向各宾馆发过一份内部治安通报，今天606房来的那位不速之客要好好查问一下。于是他一面打电话给小A，要求她提供客人的年龄、相貌和特征，另一方面则向保安部报告，请他们密切注视606房客人的动态。

"叮咚——"小A按响了606房的门铃。

"张先生，根据我店的规定，来访客人须在晚上12点以前离开房间，望您谅解，并予以配合。"小A说话态度十分诚恳。"我有个建议，如果您的朋友今天打算住在这儿的话，也可以，不过请到总台办理一下登记手续。"小A讲到此时，稍许停顿了一会，同时又打量了一下张先生的朋友。接着她还是很亲切地说："如果您的朋友不打算留宿，而你们的谈话还没有结束，那么可以到咖啡厅边喝饮料边谈话。"

张先生欲留朋友过夜，对方也没有异议，于是两人便下楼到大堂接待处。就在他们出示身份证和填写表格时，旁边宾馆的一位保安人员在暗中观察。他发现，张先生的朋友并非公安局的通缉对象，经核验，他的身份证也是真的，便解除了对他的怀疑。

【点评】

严格执行国家法律有关流动人员管理的规定，为每一位住客办理入住登记手续，以及实施酒店的访客制度，是保证住店客人和酒店安全的重要措施。

酒店好比一个小社会，客人形形色色。一些犯罪分子经常选择酒店作为藏匿之地，所以公安部门经常向酒店保安部门发送一些刑事案犯的内部材料。事实上确有不少罪犯是在酒店里被捕的。

本例中的酒店，地处云南闹市区，过往客人甚杂，因此保安措施更严于一般的酒店。酒店对于住店客人及其来访亲朋的管理，有一套相当严格的制度。该酒店的员工安全意识较强，能自觉遵守各项规章制度，在不降低服务质量的前提下，保障了酒店的安全。客房部服务员小A拿不准张先生的朋友是否办理过入住手续，因此先打电话到总台，在查清情况之后，便以委婉的语气建议客人或去补办手续，或去咖啡厅小憩。

接待处的小B同样有很高的警惕性。他获悉有客人未办登记手续且深夜不离房，连忙同最近公安局发送的内部材料联系起来，随即又及时报告给保安部门，同时在监控里随时注意该访客动向，保安部门也在时刻注意，直到最终确定该访客是安全的才敢放松，这一气呵成的几个环节体现了该酒店员工良好的安全管理素质。

学习目标

知识目标

1. 认识酒店访客管理的概念及作用。
2. 了解酒店访客管理系统的组成和功能。

3.学习怎样做好酒店访客管理及完善酒店访客管理制度。

技能目标

1.掌握基本的酒店访客管理系统的组成和功能。

2.做好基础的酒店访客管理以及了解基本的酒店访客管理制度。

素养目标

1.培养学生解决问题的能力和换位思考能力，树立学生的安全意识。

2.培养学生的语言沟通能力以及处理人际关系的能力。

任务一　访客管理认知

认识访客管理

访客管理系统是一种用于组织、跟踪和管理访客信息的软件系统或服务。这些访客可能是企业、组织或公共场所的内部员工或者外来访客，访客管理系统的目标是确保访客进出的过程高效、安全、便捷，并提供必要的安全措施。

那么，访客管理的概念是什么？具体实施过程是怎样的呢？有哪些作用？请思考并讨论。

一、访客管理的概念

访客管理是指对访问某个地点或组织的人员进行管理和控制的一系列措施和流程。访客管理的目的是确保访客的安全和便利，同时保护被访问地点或组织的安全和机密。访客管理的具体实施过程应包括以下几个方面。

（一）登记和身份验证

当访客到达被访问地点或组织时，需要进行登记和身份验证。可以通过访客登记表、身份证件扫描或照片识别等方式完成身份验证和登记。登记信息通常包括姓名、访问时间、联系方式、身份证号码等。

（二）访客许可证

访客一般需要获得访客许可证才能进入被访问地点或组织。访客许可证可以是临时的或长期有效的，根据需要进行发放。访客许可证上通常包括访客的照片、姓名、访问时间和地点等信息。

（三）安全审查

对于一些敏感地点或组织，可能需要对访客进行安全审查，以确保访客没有不良记录或未携带危险品。安全审查应包括背景调查、安全检查等。例如，访客可能需要接受金属探测器检查或行李检查。

（四）访客指南

为了方便访客，可以提供一份访客指南，包括被访地或组织的布局、安全规定、紧急联系方式等信息。访客指南可以帮助访客更好地了解和适应被访地点或组织，为访客提供必要的指引和帮助。

（五）访客记录和跟踪

对于每一位访客，应该建立一份访客记录，包括访问时间、地点、目的等信息。访客记录可以用于管理和跟踪访客的活动，以便于追溯和审查。访客记录也可以用于统计分析，了解访客的数量和特征。

（六）访客限制和授权

根据需要，可以对访客的活动进行限制或授权。例如，某些区域可能只对特定访客开放，某些设备或机密文件可能只能由授权访客接触。访客限制和授权可以通过访客许可证、访问控制系统等实现。

（七）访客离开管理

当访客离开被访问地点或组织时，应该进行相应的登记和处理。这包括收回访客许可证、记录离开时间等。访客离开管理的目的是确保所有访客都已经离开，避免访客滞留或未经授权的人员进入。

访客管理可以通过人工管理和技术手段相结合来实现。例如，可以使用访客管理系统来自动完成访客登记、身份验证、自动门禁和访客记录等工作，提高管理效率和安全性。访客管理系统可以包括访客登记终端、访客许可证打印机、访客许可证扫描仪等设备，以及相应的软件和数据库。通过访客管理系统，可以实现快速、准确和安全的访客管理。

二、酒店访客管理

酒店访客管理是指酒店对来访客人进行管理和控制的一系列措施和流程。它的目的是确保酒店客人的安全和便利，同时保护酒店的设施和保证酒店的服务质量。

在酒店访客管理中，如果访客选择提前预订房间，酒店可以通过电话、网上预订系统或第三方预订平台接受访客的预订，预订成功后也可以根据需要给访客发送一条提示短信，包含访客验证码等信息。通常在进行客房预订时需要访客提供准确的基本信息，如姓名、身份证号、联系方式等。

当访客到达酒店时，可以使用酒店发送的访客验证信息通过酒店门禁，之后会有酒店的相关人员来进行对客接待工作。之后是办理入住手续，这包括核对访客的预订信息、办理入住手续、分配房间等。在办理入住手续过程中，酒店可能会要求访客提供有效身份证件进行身份验证。

在客人入住期间，酒店会提供相应的服务和设施。比如，住店客人的亲朋来访时，可以告知酒店住店人员的姓名、电话、身份证等信息，信息核对无误后即可进入酒店。此外，访客住店期间，酒店员工会根据访客需求提供协助和指导，并确保访客安全和舒适。酒店还可以根据访客的需求提供额外的服务，如叫车、预订餐厅、安排旅游活动等。

酒店访客管理还包括安全管理。酒店会采取措施确保客人的人身和财产安全。这可能包括安全摄像监控、安全巡逻、安全门禁系统等。对于一些需要特殊保护的客人，如政府官员、名人等，酒店可能会有额外的安保措施。

当访客离开酒店时，酒店会协助访客办理退房手续，包括结算费用、检查客房状况等。酒店还可以提供行李寄存服务，方便访客在离开前暂时存放行李。

总之，酒店访客管理是为了提供良好的客户体验、保护客人安全和酒店利益而实施的一系列措施和流程。通过有效的访客管理，酒店能够提供安全、舒适和便利的住宿体验，同时保护酒店的设施安全和保证酒店的服务质量。

三、访客管理的作用

访客管理在酒店和其他场所中起着重要的作用，其主要作用包括以下几个方面。

（一）安全保障

访客管理是确保酒店和其他场所安全的关键措施之一。通过要求访客提供有效身份证件进行身份验证，酒店可以筛选出不良记录、潜在风险或不受欢迎的人员。这有助于减少潜在的安全风险，确保客人和员工的人身安全。还可以通过安保措施如安全巡逻、安全摄像监控和安全门禁系统等，提供额外的安全保障。

（二）完善服务

通过访客管理系统，酒店可以收集和记录客人的偏好、需求和历史记录。这些信息可以帮助酒店提供个性化的服务。例如，酒店可以提前了解客人的喜好，为其准备特定的房间、合适的床垫、喜欢的餐饮等。这种个性化的服务可以提高客人的满意度和忠诚度。

（三）提高效率

访客管理系统可以帮助酒店提高工作效率。通过预订系统和自助办理入住，客人可以提前预订房间并快速办理入住手续，减少排队和等待时间，这不仅提高了客人的满意度，也节省了酒店员工的时间和精力；通过自动访客门禁系统，可以实现自动化的门禁，节省人工审核门禁的时间成本，更高效、更便捷。此外，访客管理系统还可以实时掌握客房的入住情况，方便酒店进行房间的分配和管理，提高房间利用率。

（四）数据分析和营销

访客管理系统可以收集和分析客人的数据，如预订记录、消费习惯、入住频率等。通过对这些数据的分析，酒店可以了解客人的行为模式和偏好，从而进行精准的市场营销和推广活动。例如，酒店可以向特定的客人发送个性化的优惠券或推荐相关的活动和服务，提高销售额和客户满意度。

综上所述，访客管理在酒店和其他场所中发挥着重要的作用，包括安全保障、个性化服务、提高效率和数据分析与营销。通过有效的访客管理，酒店可以提供安全、舒适和个性化的住宿体验，同时提高工作效率和市场竞争力。

任务实训

【实训项目】认识访客管理。

【实训目标】通过实训，学生要理解访客管理的概念，知道进行访客管理的必要性。

【实训时间】2学时。

【实训步骤】

1.教师事先设计好访客管理的基本步骤，包括访客登记等。

2.两名学生为一组进行角色扮演，一人扮演酒店员工，一人扮演访客，完成一次访客访问酒店的模拟训练。

3.每组学生互换角色,再进行一次步骤2的实训内容。

4.教师参与过程指导,最后根据学生训练过程中存在的问题进行点评。

【实训标准】

实训形式	以学生的实训和教师的指导点评为主
角色分工	教师作为引导者负责本次实训的过程指导,学生分别扮演酒店员工和酒店的访客
实训重点	1.学生要将自己代入角色。 2.学生在实训过程中遇到难点要及时请教老师。 3.实训结束后,教师针对实训过程中学生存在的问题进行点评和梳理

任务二 访客管理系统

酒店访客管理系统

酒店访客管理是酒店管理中非常重要的一环,它涉及酒店安全、服务质量和客户满意度等方面。有效的访客管理可以保障酒店的安全和秩序,提高服务质量,为客人营造舒适的环境,从而提升酒店的声誉和竞争力。

那么,酒店访客管理系统由哪些部分组成呢?对应的功能又是什么?请思考并讨论。

一、酒店访客管理系统的组成

酒店访客管理系统是一种特定类型的访客管理系统,是专门为酒店和酒店业务设计的。酒店访客管理系统的目标是优化酒店访客的来访、入住和离店过程,提高酒店的安全性,并提供更高效、个性化的客户服务。酒店访客管理系统通常包含多个软件和硬件组件,以提供全面的访客管理功能。下面是一些常见的软件和硬件组件。

(一)软件

1.访客预约(预订)系统

这是酒店的核心预订系统,用于管理访客的预订信息。该系统可以接受在线预订,记录访客的基本信息,如姓名、联系方式、预计到达时间等。预订系统还可以与其他系统集成,可以自动完成房间分配和更新预订状态。

2.客户关系管理（CRM）软件

CRM软件用于记录和管理客人的个人信息、偏好和历史记录。通过CRM软件，酒店可以了解客人的喜好和需求，提供个性化的服务。CRM软件还可以帮助酒店与客人保持联系，并进行市场营销活动。

3.访客登记系统

这是酒店用于记录访客入住信息的系统。当访客到达酒店时，前台工作人员使用访客登记系统记录访客的身份信息、入住时间、房间分配等。这些信息可以用于酒店的安全管理和客户服务。

4.访客安全系统

访客安全系统用于验证客人的身份，以确保酒店的安全性。该系统包括身份证扫描仪、指纹识别仪、人脸识别技术等。通过这些安全设备，酒店可以验证客人的身份，并确保只有合法的客人可以进入酒店区域。

5.数据分析和报告软件

这些软件用于分析客人的行为模式、消费习惯和偏好，在保证不侵犯客人信息安全的情况下生成统计信息和分析报告，以支持酒店的市场营销和业务决策。通过对客人数据的分析，酒店可以了解客人的需求和趋势，并根据这些信息制定相应的营销策略。

（二）硬件

1.自助办理终端

自助办理终端是供访客自助办理入住手续的设备。访客可以使用自助终端进行身份验证、房间分配等操作，以节省时间和提高效率。

2.酒店门禁系统

酒店门禁系统用于控制访客进出酒店区域的门禁设备。该系统包括门禁卡、指纹识别、人脸识别等。门禁系统可以确保只有合法的访客（通过合法流程办理入住的访客、酒店住客的亲朋）可以进入酒店的特定区域，从而提高酒店的安全性。

3.智能安防系统

智能安防系统能够利用先进的技术和智能化设备来提升安全防范能力以及监控系统的效能与智能化水平。后文将详细介绍，此处不再赘述。

4.身份验证设备

身份验证设备用于验证访客的身份信息。该设备包括身份证扫描仪、指纹识别仪等。通过身份验证设备，酒店可以验证访客的身份，确保只有合法的访客可以入住。

5.电子签名设备

电子签名设备用于访客在登记表上签名确认入住信息。该设备可以用于替代传统的纸质登记表，提高效率和便利性。

这些软件和硬件组件可以根据酒店的规模和需求进行定制和配置，以实现高效的访客管理。酒店可以根据自身需求选择适合的访客管理系统，并确保系统的安全性和可靠性。

知识链接

智能安防系统

智能安防系统结合了物联网、人工智能、大数据等技术，通过设备之间的互联互通和数据的智能分析，实现对安全隐患的及时发现和处理，提高安全性和便利性。

在智能安防系统中，视频监控是其中一个重要的功能。通过高清摄像头和视频监控系统，可以实时监视和录制监控画面，提供对安全区域的全面监控和记录。同时，通过网络连接，用户可以远程查看和管理监控画面，无论身在何处都能及时了解安全情况。

除了视频监控，智能安防系统还可以利用人脸识别技术进行身份验证和访客管理。通过人脸识别设备，系统可以识别陌生人、黑名单人员等，及时发出警报或采取相应的措施。这种技术不仅提高了安全性，还提供了便利的访客管理方式，无须携带门禁卡或记住密码，只需通过人脸识别即可进出。

智能安防系统还包括告警系统，通过传感器和智能设备，对入侵、火灾、煤气泄漏等安全事件进行实时监测和告警。一旦发现异常情况，系统会立即发出警报，提醒相关人员采取措施，避免事故的发生。

智能门禁是智能安防系统的另一个重要组成部分。通过智能门禁系统，可以实现对出入口的控制和管理。用户可以通过刷卡、指纹识别、人脸识别等方式进行身份验证，只有经过授权的人员才能进入，提高了安全性和便利性。

此外，智能安防系统还包括智能巡更、智能报警、视频分析、智能灯光和声音控制等功能。通过智能巡更设备和系统，可以实时监控巡更人员的定位和轨迹，确保巡更工作的准确性和及时性。智能报警系统可以将报警信息实时发送给指定人员或安全管理中心，提高响应速度和处理效率。视频分析技术可以对监控画面进行自动识别和分析，如人员聚集、异常行为等，以便及时发现和处理安全隐患。智能灯光和声音控制可以根据不同情况自动调节和控制，提高安全性和舒适度。

智能安防系统还可以通过对系统数据的分析和挖掘，发现安全隐患和趋势，并进行预

> 测和预警，提前采取措施防范风险。同时，通过云平台和网络连接，可以实现对安防系统的远程监控和管理，随时随地查看和控制安全情况。
>
> 总的来说，智能安防系统通过技术的应用和设备的智能化，提升了安全防范的效能和智能化水平。它不仅可以提供全面的监控和保护，还可以提供便利的访客管理和远程监控功能，为客人提供安全舒适的环境。

二、酒店访客管理系统的功能

酒店访客管理系统是一种用于管理酒店客人信息和提供个性化服务的软件系统。它可以帮助酒店提升客户体验、提高运营效率，并实现更好的客户关系管理。下面是酒店访客管理系统常见的功能。

（一）预订管理

酒店访客管理系统可以关联酒店管理系统PMS，记录客人的预订信息，包括入住日期、离店日期、房型、房价等，验证来访客人的预订情况，以便更好地分配相关人员进行客户接待。比如，酒店员工可以通过系统查看和管理来访客人的预订情况，协助已经预订过房间的来访客人办理入住手续、提供行李服务等；而对于没有预订过客房的客人，通过酒店门禁系统后，酒店员工可以引导其进行订房、入住等操作。

（二）入住登记

酒店访客管理系统关联酒店管理系统PMS后，可以管理客人的入住登记功能，包括身份验证、签署入住协议等。客人通过酒店管理系统PMS完成入住登记后，访客系统将同步客人的入住信息，确保客人在入住期间无须再次验证身份即可自由出入酒店（如果是住客的亲朋来访，为确保安全，每次出入酒店都需要验证身份），提供更便捷和高效的入住体验。

（三）客户信息管理

酒店访客管理系统可以记录在住客人、近期访客的基本信息，如姓名、性别、联系方式等；确保酒店住客的安全。同时，酒店员工可以通过系统查看客人的历史入住记录和服务偏好，提供个性化的服务并进行个性化的推荐。

（四）客史档案

酒店访客管理系统可以根据客人的来访情况，生成访客的客史档案。以防发生特殊情况时难以追溯到个人，从而确保酒店住客的安全和酒店的利益不受侵害。

（五）其他服务

通过酒店访客管理系统还可以提供其他的免费服务，如问路服务、行李寄存服务、外币兑换服务等。客人可以在门禁显示屏上搜索酒店相关资讯、附近的餐饮、娱乐资讯等；如果客人需要行李寄存、外币兑换等服务，可以通过系统提交服务请求，酒店员工可以及时响应和处理。

（六）评价与反馈

酒店访客管理系统可以收集客人的评价和反馈，帮助酒店改进服务质量。客人可以通过该系统提交评价和建议，酒店员工可以及时回复和跟进。

（七）环境管理

酒店访客管理系统可以实时监控和管理酒店门口及大厅的环境，包括门口的清洁情况、设施维修需求等，一旦发现环境问题及设施问题，酒店会安排相关人员进行处理，以便更好地维护酒店的形象。

（八）门锁集成

酒店访客管理系统可以与酒店的门锁系统集成，实现无接触式的房间门锁。客人可以使用手机或门禁卡直接开启房间门锁，获得更便捷和安全的入住体验。

（九）多语言支持

酒店访客管理系统可以提供多语言界面和服务，以满足不同国家和地区的客人需求。客人可以选择自己熟悉的语言进行预订、入住和退房等操作。

（十）数据备份和安全

酒店访客管理系统可以定期进行数据备份，以防数据丢失或损坏。该系统还可以提供数据加密和访问权限控制，确保客人信息的安全和隐私保护。

任务实训

【实训项目】参观酒店访客管理系统。

【实训目标】通过实训，学生可以直观体验酒店访客管理系统，了解访客管理系统的组成和功能。

项目八　酒店访客管理与安全控制

【实训时间】1学时。

【实训步骤】

1. 实训开始前，由教师在附近联系一家拥有访客管理系统的酒店。

2. 将学生进行分组，每组控制在4~6名学生，由教师带领学生前往酒店参观访客管理系统，并请酒店的大堂副理带领学生参观访客管理系统，讲解酒店访客管理系统的组成与功能。

3. 参观结束后，学生讨论并总结酒店访客管理系统的主要组成和功能。

【实训标准】

实训形式	以学生的参观学习和讨论分享为主
角色分工	教师作为评委，每个小组各推举一名学生代表整个小组发言
实训重点	1. 学生在参观过程中要遵守纪律，仔细聆听和观察。 2. 学生要积极参与讨论，加深对所学知识的理解。 3. 教师负责引导学生进行讨论，讨论结束后可以适当进行总结

做好酒店访客管理

任务三　做好访客管理

酒店访客管理对于酒店服务质量、安全等方面是很重要的。为了酒店更好地经营和发展，酒店管理人员必须做好酒店访客管理，可以从多方面入手，在做好访客管理的同时，提高客户的满意度，提升酒店的竞争力。

那么，怎样才能做好酒店访客管理呢？如何更好地完善酒店访客管理制度呢？请思考并讨论。

一、如何做好酒店访客管理

（一）高效的预订和登记系统

高效的预订和登记系统可以提升工作效率，维持良好的访客秩序。

1. 高效的预订系统

提供用户友好的界面：预订系统的界面应该简洁、直观，让客人能够轻松找到预订选项及填写必要信息，不需要复杂的操作或多次点击。

实时更新和房间可用性显示：确保预订系统与酒店的房间管理系统实时同步，以便客人看到最新的可用房间和准确的房价信息，避免出现预订后房间已满的情况。

支持多渠道预订：提供多种预订渠道，包括官方网站、移动应用、第三方预订平台等。这样可以满足不同客人的喜好和习惯，扩大预订渠道，增加客源。

做好促销和优惠活动：在预订系统中展示酒店的促销和优惠活动，如特价房、团购优惠、套餐等，吸引客人进行预订。

自动确认和提醒：预订系统可以自动发送预订确认信息给客人，同时提醒客人入住的时间、地点以及注意事项，方便客人提前安排行程，赢得客户好感。

客户档案管理：预订系统应该保存客户的基本信息和历史预订记录，方便客人再次预订时无须重复填写信息，节省时间；管理客户档案，有利于做好用户画像，更好地提供服务。

2.高效的前台登记系统

快速登记流程：优化前台登记流程，减少烦琐步骤，确保客人能够快速办理入住手续，尽量避免让客人等待过长时间。

预登记信息使用：如果客人通过预订系统提前填写过预登记信息，前台工作人员应当充分利用这些信息，快速完成登记手续，避免让客人重复填写相同信息。

自助办理入住终端：在酒店大堂或前厅提供自助办理入住终端，让客人可以自主完成登记手续，减少排队等待时间。

员工培训和技术支持：确保前台工作人员熟练掌握登记系统的操作，提供必要的培训和技术支持，保证他们能够应对各种情况并高效办理入住手续。

优先办理会员和常客：对于会员和常客，前台工作人员应当给予优先办理，提供更加个性化的服务，提高客户忠诚度。

多语种支持：如果酒店有国际客户，前台登记系统应当支持多种语言，方便客人沟通和理解。

通过以上措施，酒店可以大大提高预订和登记系统的效率，让客人获得更加便捷和愉快的入住体验。高效的预订和登记系统不仅可以提升客人满意度，还有助于提高酒店的声誉和竞争力。

（二）提供个性化服务

个性化服务是指根据客人的偏好、需求和历史行为，为其提供定制化、个性化的服务体验。在酒店访客管理中，实现个性化服务可以提升客人的满意度和忠诚度，并帮助酒店在激烈的竞争中脱颖而出。下面是实现个性化服务的一些关键步骤。

客户数据收集与分析：酒店访客管理系统应收集客户的基本信息、历史预订记录、偏好和消费行为等数据。通过数据分析，了解客人的喜好和需求，为其提供更贴合的服务。

个性化问候与照顾：员工应当在客人到达时用客人的名字进行个性化的问候，这给客人一种被关注和重视的感觉。员工还可以根据客人的特殊要求，提供个性化的照顾和服务。

定制化房间设置：根据客人的喜好，提前准备客房，如准备特定品牌的洗浴用品、枕头、床品等，让客人感受到贴心的照顾。

个性化推荐和推广：根据客人的历史消费行为和偏好，推荐适合的服务、餐厅或活动，让客人获得更好的住宿体验。

庆祝特殊时刻：如果客人在特殊的日子来到酒店，如生日、结婚纪念日等，酒店可以准备小礼物或提供特别服务来庆祝这一时刻。

优先办理会员和常客：对于会员和常客，酒店应当优先办理入住和退房手续，提供更高级别的服务。

关怀和回访：客人离店后，酒店可以通过短信、邮件或电话进行回访，了解客人对服务的满意度，并感谢他们的光临。

对客户反馈的重视：对于客人的反馈和意见，酒店应认真对待，并及时回应。积极采纳客人的建议，不断改进服务质量。

通过个性化服务，酒店可以赢得客人的喜爱和口碑，提高客户忠诚度，提高复购率，从而提升酒店的业绩和竞争力。实现个性化服务需要酒店访客管理系统提供强大的数据分析和客户关系管理功能，同时培训员工提供优质的服务和关怀。

（三）高效的身份认证

高效的身份认证对于酒店访客管理系统至关重要，它能够确保只有合法的客人可以入住，同时提供便捷和安全的入住体验。下面是一些实现高效身份认证的方法。

智能化身份证件扫描：使用智能扫描技术，例如光学字符识别（OCR），能够快速而准确地读取客人的身份证明信息，如身份证号码、姓名和性别等。

人脸识别技术：结合人脸识别技术，让客人在到达酒店时，通过摄像头自动进行人脸验证，无须手动操作从而提高便捷性。

指纹识别技术：一些高级酒店可能采用指纹识别技术，让客人使用指纹进行身份认证。这种方式不仅高效，而且更加安全，因为指纹是独一无二的。

二维码或NFC技术：提供给客人一张带有二维码或NFC芯片的电子门票或入住凭证。在到达酒店时，客人只需将二维码或NFC凭证放在指定设备上扫描，即可完成身份认证。

预先验证信息：在客人预订完成后，酒店访客管理系统可以通过电子邮件或短信邀请客人填写预登记表格并上传身份证明。这样，前台工作人员在客人到达前已经验证过客人的身份。

安全数据传输：确保所有的身份认证信息在传输过程中都进行加密，以保护客人的隐私和信息安全。

自助办理入住终端：在酒店前厅设置自助办理入住终端，让客人可以自主完成身份认证，减少与前台工作人员的接触，提高办理入住效率。

快速响应时间：高效的身份认证系统应当具备快速响应的能力，确保客人在短时间内完成认证过程，不耽误其入住时间。

通过采用这些高效的身份认证方法，酒店可以提供快捷、安全的入住体验，让客人感受到酒店的专业服务和关怀。同时，高效的身份认证也有助于提升酒店的形象和信誉。

（四）自助服务

自助服务在酒店访客管理中越来越受欢迎，它能够提供更快捷、便利和个性化的服务体验，同时减少人工干预和排队等待时间。下面是一些常见的自助服务形式。

自助办理入住终端：在酒店的大堂或前厅设置自助办理入住终端，让客人可以通过触摸屏或扫描二维码自助完成入住手续。客人可以输入预订信息、进行身份验证、支付费用，并取得电子门卡等。

自助办理退房终端：类似于自助办理入住终端，酒店可以设置自助办理退房终端，让客人在离店时自主完成结算和退房手续。

自助点餐系统：在酒店餐厅或咖啡厅设置自助点餐终端，客人可以通过终端浏览菜单、选择食品和饮料，自主下单，然后支付费用。

自助取餐系统：配合自助点餐系统，酒店可以设置自助取餐柜台，客人在支付完成后，系统会为其准备好餐点，客人自行取餐，节省等待时间。

自助洗衣服务：在酒店设置自助洗衣房，客人可以自主使用洗衣机和烘干机洗涤衣物。

自助健身设施：对于有健身房的酒店，可以设置自助健身设施，让客人在不受时间限制的情况下，自主使用健身器材。

自助旅游咨询和导览：提供自助旅游咨询终端，让客人可以浏览酒店周边的旅游景点、地图、交通指南等信息。

自助打印和复印服务：在酒店设立自助打印和复印终端，让客人可以自主打印或复印文件。

通过引入自助服务，酒店可以大大提高客人的满意度和忠诚度，并减轻员工的工作负担。然而，为确保自助服务的顺利运行，酒店需提供清晰易懂的操作指南，并随时为客人提供技术支持。此外，也应保证自助服务设备的正常运作和信息安全，以免影响客户体验和信息安全。

（五）维护安全和隐私

维护安全和隐私对于酒店访客管理系统至关重要。客人的个人信息和安全需要得到保护，同时酒店也需要确保整体安全性。下面是帮助酒店维护安全和隐私的一些建议。

数据加密和安全传输：确保访客管理系统中的客人信息和数据进行加密存储，防止未经授权的访问。在数据传输过程中，使用安全协议（例如SSL/TLS）确保数据的安全传输。

访客信息访问权限控制：建立严格的权限控制机制，只允许授权的员工访问和处理客人的个人信息。确保员工只能访问其职责范围内的信息，避免滥用访客数据。

隐私政策和知情同意：向客人提供隐私政策，详细说明收集的信息类型、目的和使用方式。在获取客人信息之前，必须获得客人的知情同意，确保客人了解并同意其信息被收集和使用。

身份验证和访客身份识别：酒店访客管理系统应该有高效的身份验证机制，确保只有合法的客人可以入住。使用人脸识别、指纹识别或智能身份证扫描等技术确保客人身份的准确性和安全性。

定期系统安全审查：酒店应定期进行访客管理系统的安全审查，以确保系统没有漏洞和安全隐患。及时修补系统漏洞，并更新系统以适应最新的安全标准。

数据备份和灾备计划：定期对访客数据进行备份，以防数据丢失或意外情况发生。制定灾备计划，以便在紧急情况下可以恢复数据和服务。

员工培训和意识教育：对酒店员工进行隐私和数据安全培训，强调保护客人信息的重要性，并教育他们如何正确处理客人数据。

安全监控和事件响应：安装安全监控设备，监控访客管理系统的运行和数据访问情况。建立事件响应机制，以便及时处理安全事件和漏洞。

通过采取上述措施，酒店可以有效维护访客管理系统的安全和隐私，保护客人的个人信息和权益，同时确保酒店整体安全性。安全和隐私是客人选择酒店的重要因素之一，保持良好的安全记录有助于赢得客户信任，提高客户忠诚度。

（六）持续改进

持续改进是做好酒店访客管理系统的关键要素之一。随着客人需求和市场变化，酒店需要不断优化和改进其访客管理流程和服务，以提供更好的客户体验。下面是帮助酒店持续改进的一些建议。

客户反馈和满意度调查：定期进行客户满意度调查，收集客人的反馈和意见。分析客户反馈，了解客人的需求和不满意之处，针对性地进行改进。

数据分析和趋势预测：分析访客管理系统收集的数据，了解客人的行为和偏好。预测客人需求和市场趋势，调整酒店策略和服务。

培训员工：对酒店员工持续进行培训，提升其服务技能和专业知识。员工应了解酒店的改进目标，共同努力以提高客户满意度。

设立改进目标和指标：设立明确的改进目标和指标，如提高客户满意度、减少客诉率等。定期评估和跟踪改进进展，确保目标的实现。

借鉴最佳实践：学习借鉴其他酒店和行业的最佳实践，寻找可应用于自身的优秀经验。

团队合作和沟通：酒店内部各部门应保持良好的合作和沟通，共同推进改进计划。各部门之间应共享信息和反馈，形成有效的改进闭环。

创新和技术升级：寻找创新的解决方案，引入新技术提升访客管理效率和客户体验。跟进技术的发展，及时升级访客管理系统，保障其功能和安全性。

定期审查和改进流程：定期审查酒店的访客管理流程，发现问题并及时进行改进。与员工一同评估流程的效率和实际运行情况，探索改进方案。

持续改进是一个不断迭代的过程，酒店应始终关注客户需求，灵活应对市场变化，并积极寻求改进和创新的机会。通过持续改进，酒店可以提供更优质的服务，提高客户满意度，提升酒店业绩和竞争力。

二、完善酒店访客管理制度

（一）访客登记

访客登记是访客管理过程中的重要环节，用于记录和跟踪访客的信息。下面是一个基本的访客登记流程。

（1）访客登记表。

准备一份访客登记表格，表格中应包含以下信息：访客姓名、访客身份证号（护照等）、公司/组织名称、联系方式（电话号码、电子邮件等）、访问目的、被访问人（如果适用）、访问日期和时间、预计访问时长、备注（备注其他关键信息）。

（2）现场登记。当访客到达时，让他们填写登记表格；或者酒店可以提供一个电子版的访客登记表格供他们填写，电子登记表的好处是可以提前填写，不用等到达酒店门口再临时填写，方便快捷，节省时间。确保访客填写完整的信息，特别是必填字段，例如姓名、身份证号、访问目的和联系方式等。

（3）身份验证。要求访客提供身份证明，并核实该身份证明的有效性。必要时还需查验访客的其他信息，包括查看访客的驾驶执照、工作证件或其他形式的身份证明。可以在登记表格上记录身份证明的类型和编号。

（4）访问权限。核实访客是否有访问权限，并进行必要的访客身份验证。这可以包括与被访问人员进行通信以确认访问许可。

（5）访客徽章/胸牌。为每位访客提供一个易于识别的徽章或胸牌，例如访客胸卡或贴纸，可在徽章/胸牌上标明访客的姓名等信息。

（6）访问记录。将访客的信息记录在访客登记表格中，在"访问日期和时间"栏中注明访问的具体日期和时间。

（7）陪同和引导。根据需要，安排员工陪同访客，并向其介绍酒店的设施、规定和安全要求。

（8）数据保护。确保访客的个人信息得到妥善保护，遵守相关的隐私法规。访客登记表格应妥善保存，仅限授权人员访问。

（9）退访流程。在访客离开时，将其离开的时间和日期记录在访客登记表格中，标记访客已离开。

通过有效的访客登记流程，酒店可以更好地管理访客，确保安全性和监管合规性。访客登记如图8-1所示。

图8-1 访客登记

（二）访客接待

访客接待可以选择人工接待、访客自助接待、机器人接待等，只要有客人到访，接待人员或者智能机器人会迅速为客人提供接待、引导服务。访客接待的注意事项有以下几点。

（1）准备好接待区域：为访客设置一个专门的接待区域，使其感到舒适，体验酒店的热情，让其感受到酒店是欢迎他的到来的。访客接待区域应该干净整洁，且易于找到，并配备足够的座位和必要的设施。

（2）接待人员培训：确保接待人员接受了应有的培训，包括如何礼貌地对待访客、提供必要的信息和帮助等，并具备应对潜在问题和紧急情况的素质和能力。

（3）注意礼节和待客之道：与访客交流时要表现出礼貌和友好的态度，主动引导访客参观酒店并提供必要的信息和支持。接待人员要仔细倾听和理解访客的需求，并积极回应；如果是需要其他部门协助的，要随机应变，灵活沟通。

（4）及时响应：尽量减少访客等待的时间，及时处理来访者的请求和需要。尽量提供一个快速、高效的访客接待流程，以增强访客的满意度和对酒店的好感。

（5）提供必要的信息：向访客提供必要的信息，例如酒店的简介、地图和导航、访问规定和安全提示等。确保提供的信息条理清晰、全面、可靠、易于理解。

（6）提供导览和引导：根据访客的需求和酒店的实际情况，提供必要的导览和引导服务。包括向访客介绍酒店的整体布局、关键区域、设施、产品或服务，并认真解答他们提出的相关问题。

（7）安全保障：在接待过程中，要注重安全，确保访客不会进入受限区域或暴露于潜在的危险环境中（如酒店供电区域、机房等区域）。根据需要，可能需要提供安全陪同，或者对访客进行身份验证或安全检查。

（8）专人陪同：对于重要的客户或高级访客，可以安排专人陪同，提供更个性化的接待和服务。专人陪同可以向访客提供更详细和深入的信息，并确保他们的需求得到满足。

（9）公司形象展示：接待员工代表了酒店的形象和价值观，要确保他们的仪态、言谈和行为与酒店形象一致。这体现在穿着整洁、仪容整齐、谈吐清晰、态度亲和、礼貌友善上，并能为访客提供专业的服务。

（10）记录和反馈：在接待过程中，记录访客的反馈和建议，并根据访客的意见和反馈进行合理的对照分析。这将有助于评估接待过程的效果，并寻求改进的机会。

（三）导视系统

通常人们所说的导视系统是一种设立在公共区域或专用区域的各种各样功能标识牌，通过合理的分配和结合而形成的一套服务于人们识别路线、地理方向等引导性的标识导视系统。

不同的标识导视系统放在不同的环境中，其功能以及展现形式会有些许不同之处，比如酒店导视系统、医院导视系统、景区导视系统、企业导视系统等。导视系统除了服务于人群之外，同时也与环境搭配，帮助提升所在环境的风格格调等。酒店中的导视系统，就需要符合酒店的装修风格，迎合酒店的主题文化，在帮助酒店服务于客户的同时提升文化印象及档次。

酒店导视系统设计的基本原则是以酒店客人的需求为出发点，提供便捷、快速、准确的导航服务。设计中需要注重细节，比如颜色、字体、图案等元素的搭配，使导视系统更加美观大方。此外，酒店导视系统设计还要考虑到可持续性和灵活性，以方便后期的维护和更新。以一般的星级酒店为例，其导视系统应该包括门厅导向标志、电梯指示牌、房间门牌、楼层路标等。门厅导向标志一般采用酒店独特的Logo，其设计需要结合酒店的整体风格和文化内涵，使其与酒店形成统一的形象。电梯指示牌可采用大号字体和鲜明的颜色，使其易于辨认和阅读。房间门牌则应采用简洁的设计，同时加入门牌图案和楼层号码，使其具有酒店的特色和个性化。酒店导视系统示例如图8-2所示。

图8-2　酒店导视系统示例

随着科技的不断进步和智能化的发展，酒店导视系统设计也在不断向智能化方向发展。酒店导视系统的发展趋势是具有更多的交互性和个性化功能，用户可以通过智能终端实现自助导航和预约服务等功能。同时，导视系统还可以与酒店的其他系统进行无缝衔接，比如酒店客房系统、餐饮系统等，以提供更加便捷、高效的服务体验。

而对于访客的停车指引，酒店可以借助App、小程序等为客人提供"车位实况"，客人可以自助查询剩余车位数及车位分布区域，由于车位信息是实时更新的，可以随时查看，省去了客人到现场找车位的麻烦。有些酒店会在大厅的LED屏上显示车位使用情况，同时可在手机上查看车位使用情况和车位指引。且每个车位都具有图像识别和红外感应功能，可以识别车辆位置，避免出现停车后找不到车的情况，提高了出入效率，也更安全。

（四）智能存储

智能存储是指来访客人的物品存储智能化。如果访客想要好好参观酒店或者与酒店内部人员进行友好交谈，随身携带的物品太多，就可以选择放入智能存储柜中，一人一柜安全便捷。除此以外，如果忘记携带物品，也可以在智能存储柜中进行物品借用。

（五）访客Wi-Fi连接

不同酒店的访客连网方式不同，不仅要做到访客上网方便，更重要的是保证公司网络的品质和安全。Wi-Fi连接如图8-3所示。

图8-3　Wi-Fi连接

1.用户名+密码连接

传统的用户名+密码连接方式是在酒店前台、房间内查看可用Wi-Fi的用户名和密码，点击连接即可，Wi-Fi的用户名和密码一般贴在前台或者酒店房间内的显眼位置，如床头、电视机旁边等。目前，大多数酒店采用这种方式进行Wi-Fi连接。另一种方式是酒店访客在无线上网预约申请通过之后，会收到短信提醒，提示输入用户名和密码进行网络连接。一般情况用户名为手机号，密码为有时效限制的6位随机密码。

2.扫码连接

在客房内可以通过酒店App、小程序、公众号等提供的二维码图片来连网，免密操作，既能保证密码安全，还能提高效率。

3.NFC触碰连接

除了上述两种方式，如今还有一种更加直接快捷的连网方式，即NFC连网。NFC（Near Field Communication）是一种短距离无线通信技术，可以实现设备之间的近距离通信和数据传输。虽然NFC主要用于移动支付和设备之间的文件传输，但它也可以用于NFC设备连接到Wi-Fi网络。例如华为路由推出的全球首发"一碰联网"功能，访客可用具有NFC功能的安卓手机，轻轻碰一下华为路由器顶部，手机马上就能连接Wi-Fi，省去了找Wi-Fi、输密码的烦琐步骤，可以说在连网方式上进行了颠覆性的突破。

项目八 酒店访客管理与安全控制

任务实训

【实训项目】制作一张访客登记表。

【实训目标】通过实训，学生要了解酒店制定访客管理制度的意义。

【实训时间】1学时。

【实训步骤】

1.情景模拟，教师设定访客身份。

2.2名学生为一组进行角色扮演，一人扮演酒店员工，一人扮演访客，由学生根据所学知识，制作一张访客登记表。

3.结束后，学生讨论并总结，最后由教师对学生制作的访客登记表进行点评。

【实训标准】

实训形式	以学生的实训和教师的指导点评为主
角色分工	教师作为引导者负责本次实训的过程指导，学生分别扮演酒店员工和酒店访客
实训重点	1.学生要将自己代入角色。 2.学生在实训过程中遇到难点要及时请教老师。 3.实训结束后，教师针对实训过程中学生存在的问题进行点评和梳理

项目九　前厅增值服务创新与运营

酒店前厅的增值服务是指酒店为客人提供的额外的个性化增值服务，旨在提升客人的入住体验和满足客人的个性化需求，提高客人的满意度和忠诚度。这些服务通常包括行李寄存服务、接送服务、旅游咨询和预订服务、餐厅和剧院票务预订服务、洗衣和熨烫服务、租车服务等。通过提供这些增值服务，可以提高客人对酒店的满意度，提高酒店的服务能力和服务水平，并为酒店创造更多的收入来源。增值服务也有助于提升酒店的品牌形象，吸引更多客人选择入住本酒店。

学习引导

某天下午3点，刚从西藏来到四川的王先生通过手机临时预订了当地的一家酒店。在他的订单完成后，马上收到了该酒店的一条欢迎短信，短信的内容包括酒店的地理位置、酒店旁边的交通设施、他的入住时间和最迟离店时间等。在他按照酒店所给的位置到达酒店门口时，有两个员工在门口朝他微笑，并且其中一位热情地帮他拿行李，另一位则给他赠送了一件小礼品！当他在酒店员工的引导下进入酒店前厅时，马上有人引导他办理入住并领取门卡。他进入房间后，发现桌上放置了一本当地出行攻略，里面有各类美食推荐、景区介绍、风土人情介绍等。

【点评】

在酒店行业竞争日益激烈的今天，各大酒店的服务水平也在不断提升。在大多数酒店的

项目九　前厅增值服务创新与运营

基础住宿服务都做得不错的情况下，仅仅是提供基础的住宿服务已经不再适应当下的发展，酒店需要更多的增值服务来突出自身的优点，从而吸引更多的客人入住；并需要针对目标客户群体设计出更具个性化的服务项目，以提升客户的满意度和忠诚度。这就需要酒店能提供更多的增值服务。

案例中王先生在住酒店的过程中享受到的这些服务其实就是较为典型的前厅增值服务，前厅增值服务包括个性化的接待服务、定制礼品服务、艺术表演服务、免费咨询服务、定制化的旅游行程规划服务、专属私人管家服务、文化体验活动、健康护理服务等。这些服务旨在让客人感受到特别的关怀和照顾，提升他们的入住体验，增强酒店的竞争力。

学习目标

知识目标

1.了解常见的前厅增值服务。

2.知道什么是智能存储设备。

3.了解智能售卖机。

技能目标

1.掌握做好前厅增值服务的关键内容和技巧。

2.学会管理智能存储设备。

3.学会运营酒店智能售卖机。

素养目标

1.培养学生的自主学习能力，养成与时俱进、终身学习的好习惯。

2.培养学生的动手能力和解决问题的能力。

分析常见增值服务

任务一　增值服务分析

前厅是客人接触酒店的第一步，前厅的服务质量将直接决定客人对酒店的"第一印象"。环境优美的酒店大厅、良好的服务态度、便捷的入住流程等都是酒店客人所期待的。

那么，前厅还能提供哪些服务来提高客人的满意度，同时吸引更多的新客户呢？请思考并讨论。

一、常见的前厅增值服务

在客人抵达酒店时，热情的迎宾礼仪是增值服务的第一步。前厅员工亲切地接待客人，帮助他们办理入住手续，并引导他们前往客房。行李服务也是增值服务的一部分，前厅员工会主动协助客人搬运行李，为他们提供便捷的体验。

个性化服务是酒店前厅增值服务的亮点之一。了解客人的需求和喜好后，酒店可以根据客人的要求为客房提供特定的床铺配置、房间温度等，使客人感到宾至如归。欢迎礼品也是让客人感受到关怀的方式之一，酒店可以在客人入住时赠送小礼品，如水果、小零食等。

提供快速办理入住和退房服务是酒店前厅增值服务的另一个重要方面。客人在抵达酒店时，不愿意长时间等待办理入住手续，因此酒店应提供高效的入住服务，以节约客人的时间。

对于特殊场合的客人，如庆生或蜜月，酒店可以提供定制服务，如庆生蛋糕或浪漫布置，为客人营造特别的体验。

酒店前厅增值服务还包括向客人推荐当地文化、娱乐和旅游活动，以及提供紧急救援服务，如医疗协助或叫车服务。

总的来说，酒店前厅的增值服务可以包括：迎宾服务、房间升级、活动推荐、晚间回访、定制服务、紧急救援服务等。

通过提供这些增值服务，酒店可以树立良好的口碑，吸引更多的客人，提高客户的满意度和忠诚度，从而提升酒店的竞争力。

（一）迎宾服务

迎宾服务包括迎宾礼仪、行李服务、酒店导览、准备欢迎礼品等。

1. 迎宾礼仪

迎宾礼仪是酒店前厅增值服务的重要一环，它是对客人到达酒店时的热情欢迎和周到接待。这一礼仪旨在给客人留下深刻的第一印象，让他们在入住前就感受到酒店的热情和关怀，从而为整个住宿体验奠定良好的基础。

迎宾礼仪通常包括以下几个方面的内容。

热情的微笑：前厅员工用热情的微笑迎接客人，向他们传递友好和欢迎之意。

打招呼：当客人步入酒店大堂时，前厅员工会主动向客人致以问候，例如说"欢迎光临""您好，欢迎到我们的酒店"等。

提供信息：前厅员工会主动向客人提供有关酒店设施、服务和入住流程的信息，解答客人的疑问。

快速办理入住手续：前厅员工会迅速为客人办理入住手续，以减少客人等待的时间。

熟悉客人：若客人是酒店的回头客或会员，前厅员工会在系统中查找客人的档案，并称呼客人的名字，以显示酒店对客人的重视。

献上迎宾饮品：某些高档酒店在客人入住时会献上迎宾饮品，如果汁、香槟或特色饮品，为客人带来愉悦的入住体验。

迎宾礼仪是酒店服务质量的重要标志，体现了酒店对客人的尊重和关怀。一个热情、周到和友好的迎宾礼仪不仅能让客人感觉受到重视，还有助于提升客人的满意度和忠诚度，使客人愿意再次光顾本酒店并向他人推荐。因此，培训前厅员工，确保他们掌握优质的迎宾礼仪是酒店经营中至关重要的一环。

2.行李服务

如果客人携带行李，前厅员工会主动提供帮助，协助客人将行李送至前台或客房。这一服务对老年人、身体不便或携带大件行李的客人尤为重要。行李服务是酒店前厅增值服务的重要组成部分，它旨在为客人提供便利和舒适的行李搬运服务，使客人在抵达和离开酒店时获得无忧的体验。

行李服务通常包括以下内容。

行李搬运：前厅员工会主动迎接客人，询问是否需要帮助搬运行李。无论客人是否有大件行李，前厅员工都会表示愿意提供搬运服务。

行李寄存：如果客人提前到达酒店或者在退房后仍有行程安排，他们可以选择将行李寄存在酒店，以便自由活动而不必担心行李的安全。

行李送至客房：在办理入住手续后，前厅员工会将客人的行李送至客房。对于大型酒店，通常会有专门的行李员负责将行李送至客房，确保客人无须操心。

行李取送：在客人退房时，前厅员工会将行李从客房取回，并根据客人的要求将行李送至大堂或车上。

行李推车：前厅通常会提供行李推车，客人可以自行使用推车搬运行李，若客人需要，前厅员工会协助客人操作推车。

帮助打车或租车：如果客人需要打车或租车，前厅员工可以协助客人叫出租车或提供租车信息。

协助登记行李重量：乘坐国内外航班的客人，有时需要登记行李重量信息，前厅员工可以协助客人在离开酒店前称量行李重量。

行李服务是酒店为客人提供的细致关怀和贴心服务之一，如图9-1所示。通过提供行李搬运和储存等服务，酒店可以让客人获得轻松愉快的入住体验，无须为搬运行李而烦恼。

良好的行李服务也是提高客户满意度和留客率的重要手段，因为它体现了酒店对客人需求的关注和尊重。

图9-1 行李服务

3.酒店导览

酒店导览是一项为客人提供有关酒店设施和服务的指引和解说服务。它旨在帮助客人更好地了解酒店的各种设施、产品、服务、活动以及酒店周边的环境，从而让客人在入住期间得到更好的体验。

酒店导览通常包括以下内容。

酒店设施介绍：前厅员工会向客人介绍酒店内各种设施，如餐厅、咖啡厅、酒吧、健身房、游泳池、水疗中心、会议室等。这样客人在入住期间就知道可以到哪些场所活动。

房间设施说明：前厅员工会向客人介绍客房内的设施和用品，如空调、电视、迷你吧、保险箱、吹风机等，让客人了解如何使用这些设施和用品。

餐饮选择：前厅员工会向客人推荐酒店内的餐厅，为客人提供个性化的菜单选择，以及提供预订就餐的帮助。

娱乐和活动推荐：前厅员工会向客人介绍酒店内或附近的娱乐活动，如文化表演、音乐会、运动设施等，让客人在休闲时能有更多选择。

交通和景点指南：前厅员工会提供有关当地景点和交通的信息，如著名旅游景点、购物中心、公共交通站点等，以便客人更好地安排行程。

安全和紧急设施说明：前厅员工会向客人介绍酒店内的安全设施和紧急疏散路线，确保客人在紧急情况下知道如何应对。

帮助预订活动和服务：如果客人对某些活动或服务感兴趣，前厅员工可以提供帮助和预订，如预定SPA疗程、旅游行程等。

酒店导览服务有助于提高客人的满意度，让他们更加轻松地享受酒店服务。通过向客人提供相关信息和建议，酒店导览服务可以赢得客人对酒店的信任和好感，也有助于客人更多地利用酒店的设施和服务，提升综合体验。酒店导览示例如图9-2所示。

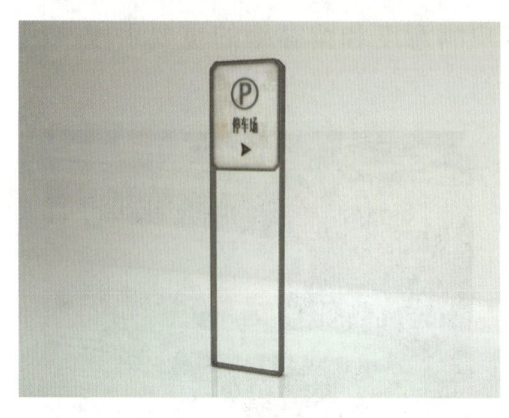

图9-2 酒店导览示例

4.准备欢迎礼品

准备欢迎礼品是酒店前厅增值服务的一种方式，它可以增强客人的入住体验，让客人感受到酒店的关心和热情。选择合适的欢迎礼品需要考虑客人的偏好、酒店的定位以及预算等因素。

水果篮：一份精美的水果篮是受欢迎的礼品之一。选择新鲜、多样的水果，如苹果、香蕉、橙子、葡萄等，并用精美的篮子或盒子装饰，让客人感受到温馨的问候。

小零食和糖果：准备一些小零食，如巧克力、饼干、薯片、糖果等，供客人在入住时品尝。这些小零食可以为客人带来愉悦的入住体验。

鲜花：用鲜花装饰客人的房间，给人一种清新和愉悦的感觉。可以选择鲜花束或小花瓶摆放在客房的桌子上或床头。

欢迎卡片：在客房里放置一张精美的欢迎卡片，用温暖的话语向客人表示欢迎，并提供一些有关酒店设施和服务的信息。

酒水：为客人提供一瓶酒或果汁，让客人在入住时可以尽情享受，增加入住的愉快感。

小礼品：可以准备一些实用的小礼品，如笔、钥匙扣、护照夹等，让客人感受到细致周到的服务。

定制礼品：根据客人的需求和偏好，提供定制的礼品，如将客人的名字刻印在礼品上，或根据客人的喜好提供特别定制的礼品。

需要注意的是，欢迎礼品应该表达出酒店的热情和用心，无论是小而贴心的礼品还是高档奢华的礼品，都能让客人感受到被重视和尊重。准备欢迎礼品不仅可以提升客人的满意度，还有助于增强客人的忠诚度和口碑传播。欢迎礼品示例如图9-3所示。

图9-3 欢迎礼品示例

（二）房间升级

房间升级是酒店前厅增值服务的一种，它是指将客人预订的房间免费或以折扣的方式升级到更高级别的房间或套房。这项服务旨在给予客人额外的优待，提升客人的入住体验，以及提高客人对酒店的满意度和忠诚度。

房间升级通常有以下几种情况。

（1）满房情况：当酒店预订情况良好，低级别房间已经满房，为了避免拒绝客人入住或转到其他酒店，酒店会为客人免费升级到更高级别的房间。

（2）会员待遇：对于一些等级比较高的会员，酒店可能会根据他们的会员等级提供免费的房间升级服务，以奖励他们对酒店的长期支持和忠诚。

（3）特殊场合：在客人生日、度蜜月或其他特殊节日时，酒店可能会免费升级房间，为客人创造难忘的入住体验。

（4）淡季：在酒店淡季期间，为了吸引更多客人入住，酒店可能会提供房间升级服务，以增加客房出租率。

值得注意的是，房间升级服务通常是基于酒店的政策和客人的具体情况来决定的。对于客人而言，得到免费或折扣的房间升级是一种特别的惊喜，能够感受到酒店对他们的关心和重视。

对于酒店来说，房间升级服务是一种提高客人满意度和忠诚度的有效方式。一次愉快的入住体验，往往会让客人记忆深刻，并愿意推荐给他人，从而带来更多的重复客户和口碑传播。

（三）活动推荐

当为客人提供活动推荐时，酒店可以考虑以下几个方面，以确保活动与客人的兴趣和需求相符。

（1）客人的喜好：在客人办理入住手续时，前厅员工可以询问客人的兴趣和喜好。了解客人的喜好后，可以向他们推荐相关的文化、娱乐和活动项目。

（2）当地景点：向客人推荐当地著名的旅游景点和观光点。这些景点可能包括历史遗迹、自然风光、博物馆、艺术展览等，取决于酒店所在地的特色。

（3）体育和户外活动：如果客人喜欢参与体育和户外活动，酒店可以推荐当地的运动场馆、高尔夫球场、徒步和自行车路线等。

（4）艺术和文化表演：酒店可以了解当地的音乐会、戏剧表演、舞蹈演出等文化活动，并向客人提供演出时间和场地信息。

（5）购物和美食：向客人介绍附近的购物中心、特色市场和餐厅，让客人能够品尝当地美食和购买纪念品。

（6）活动资讯：为客人提供当地节日庆典、展会和活动的信息，让客人能够融入当地的文化氛围。

（7）家庭活动：如果客人是与家人一起入住，酒店可以推荐适合家庭的活动场所，如游乐场、水上乐园等。

（8）特殊体验：向客人推荐独特的体验活动，如热气球飞行、潜水体验、夜游等，让客人的旅行更加难忘。

为了更好地进行活动推荐，酒店可以在前厅设置旅游资讯台或提供旅游手册，让客人自行了解当地的活动和景点。此外，培训前厅员工，使其熟悉当地的旅游资源和活动信息，也是确保进行准确推荐的重要步骤。

（四）晚间回访

晚间回访是酒店前厅增值服务的一种，它是指在客人入住后的晚间，酒店向客人进行电话或亲临客房的回访，了解客人的住宿体验，解决潜在问题，以及提供额外的帮助和服务。这项服务旨在确保客人的入住顺利和愉快，并在客人退房前解决任何可能出现的问题。

晚间回访通常包括以下内容。

（1）感谢和问候：前厅员工在晚间回访时，应首先向客人表达感谢，感谢他们选择在本酒店入住，并询问客人的入住体验如何。

（2）了解客人需求：在回访中，前厅员工会主动询问客人的住宿体验，了解客人是否满意房间的设施、服务质量、餐饮等，以及是否有其他需求。

（3）解决问题：如果客人在入住期间遇到任何问题或不满意的地方，前厅员工会积极听取客人的意见，并尽力解决问题，以确保客人的满意度。

（4）提供额外服务：根据客人的需求，前厅员工可以提供额外的服务，如预订餐厅、安排出租车、提供旅游信息等，为客人提供更好的入住体验。

（5）给予感谢礼遇：对于会员客人或特殊场合的客人，酒店可能会在晚间回访时送上小礼物或特别的感谢礼遇，以表达对客人的重视。

晚间回访是酒店关注客人需求、提供个性化服务的重要方式。通过回访，酒店可以及时发现和解决客人的问题，提高客人的满意度，并在客人入住期间给予额外的关怀，提高客人的忠诚度，增加口碑传播。在实施晚间回访服务时，酒店需要确保前厅员工的专业培训和服务水平，以确保回访的准确性和效果。

（五）定制服务

定制服务是酒店前厅增值服务的一种，它是指根据客人的个性化需求和特殊要求，为客人提供特别定制的服务和体验。这种服务的目的是让客人感受到独特的关怀和特殊对待，提供超越标准服务的定制化体验。

定制服务可以包括以下几个方面。

（1）房间配置：根据客人的要求，提供特定床铺配置、枕头、房间装饰等，以满足客人的个性化需求。

（2）特殊膳食：根据客人的饮食偏好或过敏需求，进行特殊的膳食安排，如素食、无麸质食品等。

（3）庆生服务：为庆祝生日或其他特殊节日的客人，提供定制的庆生蛋糕、鲜花装饰等，让客人度过特别的时刻。

（4）浪漫布置：为蜜月旅行的客人，提供浪漫的客房布置，如玫瑰花瓣装饰等。

（5）私人导游：根据客人的需求，提供私人导游服务，让客人能够更深入地了解当地的文化和景点。

（6）特殊活动安排：根据客人的兴趣爱好，为客人安排特别的活动，如高尔夫球、水上运动、热气球飞行等。

（7）个性化服务：提供个性化的服务，如将客人的名字刻印在礼品上，或根据客人的喜好为客房提供特定的咖啡、茶水等。

定制服务要求酒店员工具备灵活性和专业技能，能够根据客人的需求提供切实可行的解决方案。为了顺利提供定制服务，酒店需要在前厅、客房服务和餐饮等方面做好充分的协调与沟通。提供满足客人独特需求的定制服务，不仅能提高客人的满意度，还有助于增强客人的忠诚度和酒店的竞争力。

（六）紧急救援服务

紧急救援服务是酒店前厅增值服务的一部分，它是指在客人遇到紧急情况或需要紧急帮助时，酒店提供的快速、有效的救援和协助服务。这种服务的目的是保障客人的安全和健康，并为客人提供额外的保障和支持。

紧急救援服务通常包括以下内容。

（1）医疗协助：如果客人在酒店内或附近需要医疗协助，酒店会立即联系当地的医疗机构，并为客人提供必要的帮助和支持。

（2）叫救护车：在客人遭遇重大事故或突发疾病时，酒店会紧急叫来救护车，并协助将客人转送至医疗机构就医。

（3）紧急联系：酒店会向客人提供紧急联系电话，如医院、警察局、消防局等，以便客人在需要时可以迅速联系相关部门。

（4）避难指引：在发生火灾、地震等紧急情况时，酒店会为客人提供避难指引，并指导客人迅速撤离危险区域。

（5）安全设施：酒店会确保客人在房间内能够迅速获得紧急求助，如提供紧急呼叫按钮或电话，并保障房间内的灭火器和安全出口等设施完好有效。

（6）安全培训：酒店员工会接受紧急救援培训，以确保他们在紧急情况下能够提供专业的帮助和服务。

紧急救援服务对于酒店来说非常重要，因为客人的安全和健康是首先要关注的事项。在提供紧急救援服务时，酒店需要确保前厅员工具备应急处理的技能和能力，能够迅速应对紧急情况，并保障客人的安全。提供优质的紧急救援服务有助于增强客人对酒店的信任感和满意度，树立良好的口碑，同时也是酒店在紧急情况下展现专业形象的机会。

二、如何做好前厅增值服务

为了更好地提供前厅增值服务，酒店可以采取以下措施。

培训员工：确保前厅员工接受全面的培训，包括礼仪、沟通技巧、问题解决能力和客户服务技能等。酒店可以定期举办培训课程，提高员工的专业素养和服务水平。只有经过专业培训的员工才能提供高质量的增值服务。

了解客人需求：前厅员工在接待客人时应主动询问客人的需求和喜好。通过真诚的沟通，了解客人的偏好和特殊需求，以便针对性地提供增值服务。了解客人的需求是满足客人期望的基础。

提供个性化服务：根据客人的需求，提供个性化的增值服务。酒店可以通过客户关系管理系统记录客人的偏好和历史需求，为每位客人量身定制独特的服务，如定制欢迎礼品、特殊房间布置、特别庆生服务等。个性化服务能让客人感受到独特的关怀和特别对待。

信息传递和沟通：确保前厅员工与其他部门之间的信息传递畅通。前厅员工应及时将客人的特殊需求传达给相关部门，以便提供一体化的增值服务。各部门之间的协作和沟通是提供综合增值服务的关键。

用心细致：前厅员工应用心倾听客人的需求，并在细节上做到周到。细微之处常常决定了客人的满意度，如热情微笑、主动问候、帮助搬运行李等，都能给客人留下深刻的印象。

定期培训和评估：定期对前厅员工进行培训和评估，以确保服务水平持续提高和保持一致性。培训内容可以涵盖服务技巧、文化素养、多语言能力等方面。同时，酒店可以通过客户反馈和满意度调查，评估员工表现和服务质量，并及时采取改进措施。

获取反馈：鼓励客人提供反馈和意见，对客户反馈进行认真分析，及时改进服务和解决问题。客户反馈是改进和优化服务的重要来源，酒店应积极倾听客人的声音，并对有关问题进行迅速处理。

使用技术支持：利用技术支持，如客户关系管理系统和客户数据分析，更好地了解客人需求，提供个性化服务。通过科技手段，酒店可以更精准地为客人量身打造增值服务，从而提高客人的满意度和忠诚度。

提供特色服务：为酒店增加特色服务，打造独特的客户体验。例如，为客人提供文化体验活动、当地导览、主题派对等，从而提高客人的满意度和忠诚度。特色服务可以吸引更多客人选择本酒店，并给客人留下深刻的印象。

通过以上措施，酒店可以更好地提供前厅增值服务，满足客人的需求，提升客户满意度和忠诚度，增强酒店竞争力。定制化、个性化的服务和关注细节，将帮助酒店在激烈的市场竞争中脱颖而出，赢得更多客户的信赖和支持。

任务实训

【实训项目】列举常见的前厅增值服务。

【实训目标】学生要知道什么是前厅增值服务以及有哪些常见的前厅增值服务。

【实训时间】2学时。

【实训步骤】

1.在教师的引导下，将学生进行分组，每组控制在4~6名学生。

2.每个小组就"常见的前厅增值服务有哪些"展开讨论，并派代表进行发言。

3.教师点评每个小组代表的发言，所有的小组代表发言完毕后，由教师根据学生的发言总结出常见的前厅增值服务。

【实训标准】

实训形式	以学生自由讨论和教师总结为主
角色分工	每个小组的学生自行分工，确定谁最后代表小组发言
实训重点	1.学生需根据所学知识和日常经验将前厅部的增值服务一一列举出来。 2.讨论的过程就是温故知新的过程，每个学生务必认真参与

任务二　智能存储设备运维

管理智能存储设备

同学们是否有过这样的体验,当我们在旅游旺季入住酒店时,经常会遇到自己准时到达酒店但预订的房间还未打扫出来的情况,一般这时候前台员工都会请客人在大厅稍候。也会遇到客人行李很多需要找地方存放,或是客人需要存放物品然后出去办事的情况,此时如何才能保证客人的行李物品能安全快捷地暂存起来呢?请思考并讨论。

一、什么是智能存储设备

(一) 前厅智能存储设备的概念

酒店前厅智能存储设备通常是指一种用于存放和管理客人行李的高级存储解决方案。这些智能存储设备旨在提供便捷、安全、高效的客人行李存储服务,优化酒店前厅的运作流程,并提升客户体验。

当客人到达酒店时,他们可以将行李交给前台工作人员。工作人员会使用智能存储设备来存放客人的行李。这些设备通常是由多个存储柜组成的,每个柜子都有足够的空间来容纳一到两个行李箱或其他物品。

在存放行李之前,工作人员会为每个柜子分配唯一的电子锁编号。这个编号会被记录在酒店的系统中,以便客人在需要取回行李时使用。工作人员将客人的行李放入相应的存储柜中,并使用电子控制系统将柜门锁上。

当客人需要取回行李时,他们可以前往酒店前台或者使用自助终端。他们需要提供电子锁编号,系统会验证编号的有效性并解锁相应的存储柜。客人可以打开柜门,取回自己的行李。

酒店前厅智能存储设备通常包括以下几个组成部分。

存储柜:智能存储设备由多个存储柜组成,每个存储柜都具有独立的储物空间。这些存储柜通常由钢板材料制成,具备一定的防盗功能和耐用性。

智能控制系统:设备配备了智能控制系统,可以通过人脸识别、条码扫描、指纹识别等技术,实现客人行李的存取认证。

视频监控系统:为了确保客人行李的安全,智能存储设备通常配备了视频监控系统,对存放区域进行实时监控。

自动提取机制:客人在存放行李时,设备会为每个行李生成唯一的取件码或者提供其他身份认证方式。在客人需要取回行李时，只需输入提取码或完成认证，系统会自动找到并开启相应的存储柜，使客人能够方便快捷地取回行李。

数据管理系统：智能存储设备可以记录客人存取行李的信息，包括存放时间、取件时间等。这些数据可以用于报告和分析，帮助酒店优化行李存储服务。

安全措施：为了确保行李安全，智能存储设备通常配备了防盗报警系统和安全锁，防止未经授权的人员访问。

酒店前厅智能存储设备的使用可以大大提高酒店前厅服务的效率和质量，减轻前台员工的工作负担，同时为客人提供更加便捷、安全的行李存储体验。这类设备在高端酒店、机场、商业中心等场所较为常见，成为现代化服务的一部分。

这些智能存储设备通常具有以下特点和功能。

安全性：智能存储设备配备了高级的安全系统，如智能锁和访问控制系统，只有经过授权的人员才能打开柜门。这确保了客人行李的安全性，防止被盗或误取。

便捷性：客人可以随时存取行李，无须等待或寻找工作人员的帮助。他们只需输入电子锁编号即可取回行李，节省了时间和精力。

灵活性：智能存储设备通常具有可调节大小和数量的存储柜，以适应不同类型和规模的酒店。酒店可以根据需求进行定制，灵活安排存储空间。

系统集成：智能存储设备通常与酒店的管理系统集成，可以实时跟踪和管理存放的行李。这使酒店工作人员可以更好地掌握存储情况，提高工作效率。

报警功能：有些智能存储设备还配备了报警系统，当有未经授权的人员试图打开柜门时，会触发报警系统，提醒工作人员并防止行李被盗。

数据记录：智能存储设备可以记录每次存取行李的时间和人员信息，酒店可以根据这些数据进行行李管理和分析。

空间利用率高：智能存储设备可以有效利用可用空间，将行李存放在柜子中，减少了堆放行李所需的空间。这对于有限空间的酒店尤为重要。

可定制化：存储柜的大小和数量可以根据酒店的需求进行定制，以适应不同规模和类型的酒店。

提升服务体验：智能存储设备提供了更好的服务体验。客人无须携带行李或包裹到处走动，可以更轻松地享受旅行、购物或其他活动。同时，设备的便捷性和安全性也提升了客人对服务质量的满意度。

（二）智能存储设备的应用场景

除酒店外，智能存储设备的应用场景还包括机场、火车站、商场、办公楼、旅游景点、学校、体育场馆等，具体应用如下。

机场和火车站：旅客在乘坐飞机或火车时，可能需要临时存放行李或背包。智能存储设备可以提供安全的行李寄存服务，让旅客轻松地办理登机或乘车手续。

商场和购物中心：购物者在购物时，可能需要临时存放购物袋或其他物品。智能存储设备可以提供便捷的存储解决方案，让购物者继续购物而不必携带重物。

办公楼和商业中心：在办公楼和商业中心，员工和访客可能需要临时存放行李、包裹或其他物品。智能存储设备可以提供便捷的存储解决方案，让人们专注于工作或购物。

旅游景点和景区：在旅游景点和景区，游客可能不方便携带行李或背包。智能存储设备可以提供安全的行李寄存服务，让游客自由地游览和参观。

学校：学生在上课或参加活动时，可能需要临时存放书包、背包或其他物品。智能存储设备可以提供便捷的存储解决方案，让学生专注于学习和参与活动。

体育场馆和演唱会场地：在体育场馆和演唱会场地，观众可能需要临时存放背包、行李或其他物品。智能存储设备可以提供安全的行李寄存服务，让观众尽情享受比赛或演出。

在这些场所，智能存储设备可以提供便捷、安全的行李寄存服务，让用户自由地进行旅行、购物、工作或参观活动。

二、如何管理智能存储设备

使用酒店前厅智能存储设备通常需要进行以下步骤。

预约或选择存储：根据需要，选择合适的存储格口或箱子，并预约或选择存储的时间段。

验证身份：使用设备提供的身份验证方式，如密码、指纹或二维码等，进行身份验证。

存放物品：打开指定的存储格口或箱子，将要存放的物品放入其中。有些设备可能提供不同大小的存储格口，可根据物品大小选择合适的格口。

关闭存储格口：确保物品放入后，将存储格口或箱子正确关闭，确保安全。

取回物品：在预约的时间段到达智能存储设备处，使用相同的身份验证方式进行身份验证。根据设备的指示，打开指定的存储格口或箱子，取回存放的物品。

在使用酒店前厅智能存储设备时，可能会有一些特殊的操作指引，可以根据设备上的说明或向工作人员咨询获取帮助。同时，酒店一般会有专门的人员负责处理客人在进行自助存储时遇到的问题或困扰，这就需要对相关人员进行培训，以便更好地管理酒店前厅智能存储设备，为客人提供更优质的服务。

一般来说，管理酒店前厅智能存储设备需要注意以下几个方面。

任务二 智能存储设备运维

设备维护和监控：定期检查智能存储设备的运行状况，确保设备正常工作。可以使用远程监控系统来实时监测设备的运行状态，及时发现并解决问题。

培训员工：提供充分的培训，确保酒店工作人员了解如何操作智能存储设备，包括存取行李、解锁柜门、查询存储记录等。他们还应该熟悉设备的功能和特点，以便能够向客人提供帮助和解答问题。

安全措施：智能存储设备通常需要通过密码、指纹或二维码等方式进行开启和关闭。确保只有授权人员可以使用设备，并定期更换密码或更新授权信息，以提高安全性。

清洁和消毒：定期清洁智能存储设备，包括外壳、存储格口和触摸屏等部分。此外，还需要加强消毒措施，确保设备的卫生安全。

数据管理：智能存储设备通常会记录使用者的信息和使用记录。合规管理这些数据，确保用户隐私和数据安全。

用户指导和支持：提供用户指南和操作说明，让用户了解如何正确使用智能存储设备。同时，设立专门的客服支持团队，及时解答用户的疑问和处理问题。

数据分析和优化：通过对存储设备使用数据的分析，了解存储需求和使用趋势，优化存储空间管理，提升服务体验。

客户反馈：鼓励客人提供对智能存储设备的反馈和建议。这有助于酒店了解客人对设备的满意度和改进的需求，进一步提升服务质量。

任务实训

【实训项目】参观酒店智能存储设备。

【实训目标】通过实训，学生可以直观体验智能存储设备，并学会操作智能存储设备。

【实训时间】1学时。

【实训步骤】

1.实训开始前，由教师联系一家有智能存储设备的酒店。

2.将学生进行分组，每组控制在4～6名学生，由教师带领学生前往酒店参观，并请前厅部的主管介绍酒店智能存储设备的特点与功能。

3.参观结束后，由每组学生讨论并总结智能存储设备的功能。

【实训标准】

实训形式	以学生现场参观学习及讨论总结为主
角色分工	每个小组的学生自行分工，确定谁做记录，谁最后代表小组发言

	续表
实训重点	1.学生参观时要集中注意力，仔细观察与倾听，不理解的内容要及时提问。 2.学生参观过程中要遵守纪律，切忌大声喧哗。 3.参观结束后积极与同学讨论，加深自己对所学知识的理解

运营智能售卖机

任务三　智能售卖机运营

智能售卖机是一种通过内置的智能系统和技术，可以自动售卖各种商品和服务的自动化设备。这些机器通常配备了数字化的支付系统，可以接受现金、刷卡、移动支付等多种支付方式。随着技术的发展，一些智能售卖机还配备了人脸识别、大数据分析等功能。

那么，酒店的智能售卖机是怎么样的？能提供哪些产品？请思考并讨论。

一、什么是智能售卖机

智能售卖机是一种自动化的售卖设备，通过使用现代化的技术和智能化的系统，提供便捷的购物体验，如图9-4所示。

（一）智能售卖机的特点

智能售卖机通常具有以下特点。

自助购物：顾客可以自行选择商品，进行支付和取货，无须人工服务。

多样化产品：智能售卖机可以提供各种类型的产品，如饮料、零食、便利品、小型电子产品等。

现金和非现金支付：智能售卖机通常支持多种支付方式，包括现金、银行卡、移动支付等。

图9-4　智能售卖机

实时库存管理：智能售卖机具有实时监控库存功能，以便及时补充缺货的商品，保证供应充足。

数据分析和管理：智能售卖机可以收集销售数据，便于管理人员进行分析和管理，了解销售趋势和客人偏好，优化产品选择和定价策略。

远程监控和维护：智能售卖机通常具有远程监控和维护功能，技术支持人员可以实时监测设备的运行状态，并进行故障排查和修复。

交互界面和用户体验：智能售卖机通常具有友好的交互界面，提供简单易懂的操作指引，以及良好的用户体验。

智能售卖机的使用可以带来许多好处，如提供24小时的便利购物服务、减少人工成本、提高销售效率、满足顾客需求等。它们被广泛应用于商场、学校、医院、车站等场所，成为现代化零售业的重要组成部分。

（二）安装智能售卖机的意义

酒店安装智能售卖机具有重要的意义和价值。首先，智能售卖机为酒店客人提供了便利的购物体验。无论是白天还是夜晚，客人都可以随时随地购买各种日常用品、零食、饮料等，无须离开酒店或等待服务员的帮助。这种便利性不仅节省了客人的时间和精力，还提高了客人的满意度。

其次，运营智能售卖机可以为酒店带来额外的收入。通过销售各种商品，酒店可以获得一定的销售利润，增加经营收入。这对于酒店来说是一种可持续的盈利模式，可以帮助酒店增加利润，提升经营效益。

再次，智能售卖机可以满足客人的多样化需求。酒店可以根据客人的喜好和需求，提供各种不同类型的商品选择，包括健康食品、特色产品等。这样一来，客人可以根据自己的喜好和需求选择适合自己的商品，提高购物的满意度。

最后，酒店运营智能售卖机还可以提升酒店的服务水平和竞争力。智能售卖机作为一种先进的服务设施，能够展示酒店的创新和现代化形象。这有助于吸引更多的客人选择入住，并提升酒店在市场上的竞争力。

二、酒店如何运营智能售卖机

酒店运营智能售卖机应该考虑以下几个方面的因素。

选择合适的产品：根据目标受众和场所需求，选择适合的产品进行销售。可以考虑饮料、零食、便利品、小型电子产品等。

合理布局：酒店需要根据实际情况选择适合的场所放置智能售卖机，如前厅显眼的位置、楼梯口的空位、每层楼的大厅、餐厅等地方。合理布局售卖机，可以让客人方便地浏览和购买产品。

供应链管理：建立稳定的供应链，确保产品供应充足。与供应商建立良好的合作关系，及时补充和更新产品。

设备维护和监控：定期检查智能售卖机的运行状况，确保设备正常工作。可以使用远程监控系统来实时监测设备的运行状态，及时发现并解决问题。

安全措施：智能售卖机通常需要通过密码、指纹或二维码等方式进行支付和开启。确保支付和开启过程的安全性，防止盗窃和欺诈。

数据分析和优化：通过对销售数据的分析，了解销售趋势和顾客偏好，优化产品选择和定价策略，提升销售效果。

用户体验和服务：提供良好的用户体验，确保售卖机操作简便、支付便捷。同时，设立专门的客服支持团队，及时解答用户的疑问和处理问题。

任务实训

【实训项目】参观并操作酒店智能售卖机。

【实训目标】通过实训，学生可以直观体验智能售卖机，学会操作智能售卖机。

【实训时间】2学时。

【实训步骤】

1.实训开始前，由教师联系一家有智能售卖机的酒店。

2.将学生进行分组，每组控制在4~6名学生，由教师带领学生前往酒店参观，并请前厅部的主管介绍酒店智能售卖机的特点与功能。

3.参观结束后，学生自己动手操作智能售卖机。

【实训标准】

实训形式	以学生现场参观学习及实际操作为主
角色分工	在学生参观和操作过程中教师要进行引导
实训重点	1.学生参观时要集中注意力，仔细观察与倾听，不理解的内容要及时提问。 2.学生操作过程中有不懂的步骤要及时请教老师。 3.参观结束后积极与同学讨论，加深自己对所学知识的理解

参考文献

［1］章勇刚. 酒店管理信息系统［M］. 北京：中国人民大学出版社，2018.

［2］赵迁远，田旺军. 酒店业数字化转型发展分析［J］. 西部旅游，2024（13）.

［3］于英丽，曲超，姜华. 前厅服务与数字化运营［M］. 北京：高等教育出版社，2024.

［4］李莉. 酒店前厅与客房管理［M］. 2版. 武汉：华中科技大学出版社，2023.

［5］马琼，朱艳艳，王兰玲. 酒店前厅运营管理实务［M］. 北京：冶金工业出版社，2020.

［6］徐文苑，徐萌. 前厅服务与数字化运营［M］. 武汉：华中科技大学出版社，2023.

［7］何玮，卢静怡，张潮. 前厅服务与数字化运营（微课版）［M］. 清华大学出版社，2022.

［8］闫向军，魏凯. 前厅服务与数字化运营［M］. 北京：旅游教育出版社，2022.